BIBLIOTHÈQUE

DES

ÉCOLES CHRÉTIENNES

APPROUVÉE

PAR S. ÉM. LE CARDINAL ARCHEVÊQUE DE TOURS.

—

2e SÉRIE

Propriété des Éditeurs,

Malvina, seule, à genoux, demandait au bon Dieu
et à la sainte Vierge de ne pas prendre sa maman.

SOUVENIRS

DU

SACRÉ-CŒUR

DE PARIS

Propera.... veni, coronaberis.
(*Cant. Canticor.*)

—

DEUXIÈME ÉDITION

TOURS

Ad MAME ET Cie, IMPRIMEURS-LIBRAIRES
—
1853

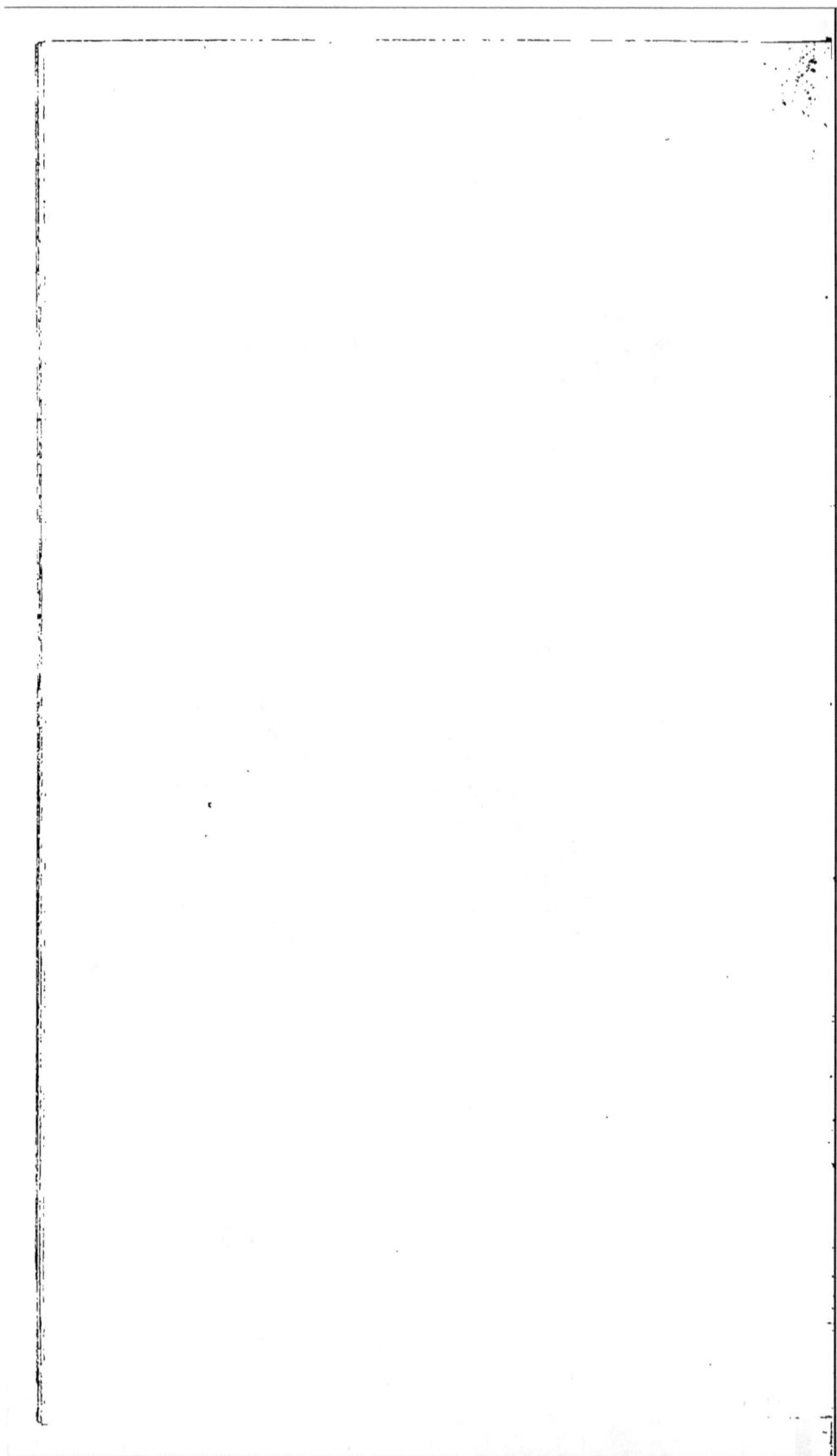

AUX ÉLÈVES

DU

SACRÉ COEUR

QUI SE DISPOSENT

A FAIRE LEUR PREMIÈRE COMMUNION.

C'est à vous, chères enfants, que nous offrons ce petit ouvrage. Toutes nos pensées comme toutes nos affections vous appartiennent; et après Dieu vous

1

en êtes l'unique objet. Mais vous avez encore un autre droit sur ce travail : Malvina a été votre sœur, et ses vertus sont votre héritage ; heureuses si vous le recueillez tout entier! Nous n'avons tracé qu'une esquisse imparfaite de ses vertus si pures et si touchantes : c'est à vous d'en offrir une imitation égale à la perfection du modèle.

Sans doute, chères enfants, vos compagnes trouveront des exemples dans la vie de Malvina : sa piété, sa régularité, sa douceur, sa patience, son abandon à la volonté de Dieu, ses saintes dispositions aux approches de la mort ont édifié des personnes d'un âge et d'une vertu avancés; elles toucheront les enfants du Sacré-Cœur, qui répèteront dans leur attendrissement ces paroles qu'elles ont tant de fois entendues : *Oh! qu'il est doux de mourir quand on a toujours aimé Dieu!*

Mais vous, enfants, qui fixez en ce moment nos plus vives et nos plus tendres sollicitudes, vous que nous aimons avec une affection particulière parce que Jésus-Christ vous chérit entre

toutes vos compagnes, ah! c'est vous
surtout qui trouverez dans le souvenir de
Malvina des leçons, des encouragements
et des consolations. Elle a été le modèle
des premières communiantes; elle est le
vôtre. Enfant comme vous, imparfaite
comme vous, exposée comme vous à des
combats proportionnés à un âge si faible
encore, Malvina a fait tout ce que vous
avez à faire: elle avait les mêmes obstacles et les mêmes secours. Les premiers, elle les rencontrait dans son
caractère; les seconds, elle les puisait
dans les avis de ses maîtresses, dans la

prière, dans le cœur de Marie, et dans celui de Jésus , dont elle était l'enfant.

Admise sur la *liste préparatoire de première communion* , et sans attendre la *liste définitive* ou l'époque des instructions particulières, elle n'eut plus d'autre pensée que celle-ci : « Je veux faire une bonne première communion ; je le veux, quoi qu'il m'en coûte; » et ses défauts disparurent, et les vertus contraires brillèrent à leur place, et en moins d'une année elle a mérité la grâce de recevoir le pain des

Anges avec des dispositions angéliques, et celle d'aller jouir éternellement d'une couronne que Dieu lui avait fait comme entrevoir ici-bas.

Elle n'a vécu que treize ans, et elle a achevé sa tâche, cette tâche que nous avons tous à remplir sur la terre: connaître, aimer et servir Dieu, c'est là le salut, et hors de là tout n'est rien. Combien ont fini leur carrière en même temps que Malvina, et après avoir joui des biens, des plaisirs, des honneurs de ce monde! Que leur en reste-t-il aujourd'hui?

Et comme ils voudraient pouvoir échanger ces vains souvenirs, qui ne font peut-être qu'ajouter à leur malheur, contre un seul de ces actes de vertus que Malvina venait déposer aux pieds de Marie *pour obtenir la grâce de faire une bonne première communion !*

Puissiez-vous, chères enfants, puissiez-vous marcher sur les traces de cette sœur qui vous a devancées au ciel ; vous approcher de Jésus-Christ avec un cœur tel que celui qu'elle lui présenta, et entendre un jour ces paroles qu'elle a sans doute entendues : *Propera... veni, coronaberis! Hâtez-vous et venez recevoir la couronne éternelle!*

MODÈLE

DES

PREMIÈRES COMMUNIANTES

OU

NOTICE

SUR LA VIE DE MALVINA O'CONNOR.

Propera.... veni, coronaberis.
(*Cant. Canticor.*)

—◦◦◦◦◦◦—

CHAPITRE I

Le Seigneur, qui marque à tous les hommes leur carrière sur cette terre d'épreuves, qui attend le pécheur pour lui donner le temps de changer ses voies, et

1*

qui prolonge la course et les combats du juste pour multiplier ses couronnes, semble quelquefois impatient d'appeler à lui l'âme fidèle qui en peu de jours a consommé l'œuvre du salut. Elle est enlevée afin d'être préservée du mal, comme une fleur est cueillie dès le matin avant que la poussière et les feux du midi aient terni sa fraîcheur. Ce n'est pas de cette plante bénie que l'Écriture a dit : *Elle fleurira le matin, et le soir elle se fanera* (1), car elle répandra éternellement son parfum devant le Seigneur.

Ainsi ont passé sur la terre les Louis de Gonzague, les Stanislas Kostka, et tant

_____

(1) *Mane floreat, vespere decidat.* (Ps. 89.)

de jeunes vierges qui se hâtaient d'aller rejoindre les Anges au pied du trône de l'Agneau. Une encore vient d'être appelée du milieu de nous, et elle a disparu laissant après elle un doux souvenir de ses vertus. Nous le recueillons dans ces quelques pages pour notre propre consolation, pour celle d'une famille dont la douleur n'est égalée que par la foi, enfin pour offrir aux élèves du Sacré-Cœur le plus touchant modèle dans la vie d'une sœur. Beaucoup d'entre elles ont connu Malvina : c'est à elles de rendre témoignage à sa mémoire, et de dire si nous avons exagéré les vertus de cette enfant de bénédiction.

Monique-Françoise-Malvina O'Connor

naquit à la Martinique, le 6 novembre 1823. Son père, issu d'une catholique et noble famille irlandaise, s'était fixé en Amérique par son mariage avec la plus aimable et la plus vertueuse des femmes. Les jouissances de la fortune, les douceurs d'une tendre et sainte union, la naissance de deux enfants, tout concourait au bonheur de M. et de Mme O'Connor. Malvina, l'aînée de leurs filles, se distinguait par une raison précoce et par une sensibilité aussi vive que profonde. Tout intéressait en elle, sa candeur, sa générosité, l'élévation de ses sentiments et surtout l'attachement extraordinaire qu'elle portait à sa mère.

Cependant la santé de Mme O'Connor

ne lui permettait pas de donner à la première éducation de Malvina tous les soins qui eussent été si doux à sa tendresse maternelle : c'était sa nièce, Mlle Elmire de Courcy, qui la remplaçait et qui se faisait l'institutrice chérie de sa cousine. Une sœur aînée, une mère n'aurait pas été plus attentive qu'Elmire, très-jeune encore, ne l'était aux progrès de Malvina. Elle répandait dans le cœur de son élève les premiers enseignements de la foi ; elle y développait les premiers germes de la piété, et lui donnait ensuite des leçons de lecture et de géographie avec cet art ingénieux des mères, qui savent si bien trouver la route de l'intelligence encore obscure. Malvina répondait à tous

les soins de l'aimable et bonne Elmire :
comment d'ailleurs son jeune cœur ne se
fût-il pas ouvert à la piété et aux plus
douces vertus, quand sa mère en offrait un
si touchant assemblage!

Mais les jours de bonheur ne sont pas
longs ici-bas : M. O'Connor fut enlevé à
sa famille en 1833, et sa veuve ne trouva
de force que dans la religion, de consolation que dans la tendresse de ses enfants.
Malvina et sa sœur Aline entouraient
leur mère de caresses et de marques
d'une piété filiale bien au-dessus de leur
âge. Ces aimables enfants eussent ratta-
ché Mme O'Connor à la vie, si cette tendre
mère avait pu compter assez de jours pour
voir les bénédictions que, du haut du

ciel, un père devait envoyer aux objets de leur commun amour. Mais l'atteinte de la douleur avait été trop profonde, et bientôt une langueur mortelle annonça que l'épouse suivrait son époux au tombeau, ou plutôt dans le ciel. Tandis qu'elle multipliait ses bonnes œuvres pour attirer les bénédictions du Seigneur sur les deux enfants qu'elle allait laisser orphelines, ces enfants de leur côté priaient Marie de leur conserver une si bonne mère. Souvent on trouvait Malvina seule, à genoux, inondée de larmes, et demandant *au bon Dieu et à la sainte Vierge de ne pas prendre maman.* Dieu, sans doute, écouta ces prières de l'innocence: elles obtinrent non pas pour une mère quelques jours d'une vie périssable, mais pour toute cette famille prédestinée une vie éternellement heureuse dans la cité où il n'y a plus de larmes.

Une année ne s'était pas encore écoulée depuis la mort de M. O'Connor, lorsque celle qui avait partagé son existence alla partager avec lui la récompense des justes. Malvina, qui passait les journées presque entières au chevet de sa mère, ne la quitta pas à ses derniers moments ; et lorsque Mme O'Connor eut cessé de vivre, il fallut enlever les deux sœurs qui s'attachaient au lit funèbre. On les porta dans un appartement éloigné, où des parents leur prodiguèrent les soins et les consolations ; mais elles s'échappèrent des bras qui les entouraient, et coururent se jeter encore dans ceux de leur mère. Elles arrosaient de larmes et couvraient de baisers son corps déjà glacé ; ce ne fut qu'à force d'instances qu'on parvint à les éloigner d'un si triste spectacle. Mais une teinte de mélancolie profonde demeura sur les traits de Malvina, qui perdit sans retour la gaieté de son âge.

Restées orphelines, les deux sœurs, qui s'aimaient plus tendrement que jamais, furent confiées, d'après la dernière volonté de leur mère, à Mme la baronne de Courcy, leur tante maternelle. Malvina et Aline retrouvèrent auprès d'elle tous les soins et toute la tendresse d'un père et d'une mère chéris. Elmire était pour elle une sœur aînée, et continuait leurs leçons interrompues par la longue maladié de Mme O'Connor.

Cette tendre et prévoyante mère avait voulu que ses filles achevassent leur éducation en France, et avait ordonné en mourant qu'elles fussent emmenées, le plus promptement possible, loin d'une île dont on croyait que le séjour avait été fatal à leur père. Pour accomplir ce dernier vœu de sa sœur, Mme de Courcy sacrifia tout et entreprit le voyage d'Europe : elle s'embarqua avec sa famille le 23 avril 1835.

Ce ne fut pas sans beaucoup de larmes que Malvina s'éloigna d'une terre qui renfermait les cendres de ses parents;

sa précoce sensibilité ne trouvait aucune
distraction dans tout ce qui absorbe les
idées des autres enfants; et ni les pré-
paratifs du voyage, ni les scènes de la
navigation et de la mer, ni l'annonce de
tant d'objets nouveaux qu'elle devait voir
en France ne pouvaient la distraire de
la pensée de sa mère. Elle en parlait
sans cesse, et chaque soir elle priait et
faisait prier Aline pour le repos des
âmes de ceux qu'elles avaient perdus.
M. le baron de Courcy était affligé d'une
ophtalmie qui le privait presque entièrement de la vue: les attentions de
Malvina se multipliaient pour cet excel-
lent oncle, et elle en était payée par une
affection toute paternelle.

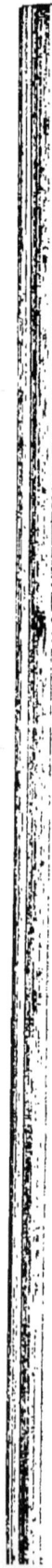

CHAPITRE II.

Arrivés à Paris, M. et Mme de Courcy cherchèrent une maison d'éducation qui répondît à tous leurs vœux pour l'avenir de leurs enfants d'adoption, et ils se déterminèrent à les placer au Sacré-Cœur. Mme de Courcy vint y faire une première visite avec Malvina et Aline. Leur exté-

rieur prévenait en leur faveur, mais la
pâleur de Malvina et la tristesse répandue
sur sa physionomie, d'ailleurs aussi expres-
sive que distinguée, semblaient annoncer
qu'à peine éclose, cette fleur était prête à
tomber de sa tige languissante.

Peu de jours après, le 1er octobre 1835,
Malvina et Aline entrèrent au pensionnat. Leur excellente tante les arrosa de
larmes, et elles en répandirent un torrent
en lui disant adieu : toutefois Malvina
montra beaucoup de courage dans ces
premiers moments d'une séparation qui
lui rappelait d'autres adieux maternels.
Une autre de ses tantes, sœur de son
père, s'occupait aussi avec la plus tendre
affection de tous les arrangements con-

cernant l'éducation de ces enfants bien-
aimées.

Malvina avait douze ans à son entrée
au Sacré-Cœur : la délicatesse de sa santé,
la mort de son père, celle de sa mère,
précédée d'une longue maladie, le voyage
de France, toutes ces circonstances avaient
retardé le progrès de son instruction ; elle
lisait bien, mais elle ne savait pas écrire.
On la plaça en conséquence dans la cinquième classe avec sa sœur et d'autres
enfants beaucoup plus jeunes. Elle sentit
vivement cette espèce d'humiliation, mais
sa peine fut un aiguillon puissant ; et met-
tant en œuvre toute son application, tous
ses moyens naturels, elle parvint à écrire
au bout de six semaine une lettre pas-

sable à celle qu'à si juste titre elle nommait du nom de mère. Sa mémoire et son intelligence étaient également heureuses, et au mois de janvier, époque de la distribution des prix du trimestre, elle obtint celui d'application dans sa classe, ainsi que le premier ruban vert, récompense qui n'avait jamais été mieux méritée. Sa piété, sa soumission à ses maîtresses, son exactitude au réglement, sa tenue parfaite au milieu de ses compagnes, tout en elle avait édifié celles-ci, qui lui décernèrent d'une commune voix les distinctions réservées à la sagesse.

Cependant les maîtresses, dont l'œil étudiait Malvina, découvraient dans son caractère des défauts à combattre et même le germe de passions très-vives. Une sorte de nonchalance, qui tenait sans doute à l'extrême faiblesse de sa santé, une susceptibilité, un amour-propre, une impatience qui s'irritait de la moindre contrariété, tels étaient ces défauts, que bientôt on fit apercevoir à Malvina. Attachée à sa sœur par des sentiments que leur commun malheur avait rendus plus tendres et plus vifs encore, elle était tout aussi susceptible pour Aline que pour elle-même. Elle prenait son parti, même à tort, contre ses compagnes, et s'irritait quand une maîtresse adressait quelque réprimande à l'enfant. On lui reprochait doucement à elle-même cet excès d'amitié: « C'est, répondait-elle avec une expres-

« sion touchante, que je suis à présent
« la maman de ma sœur. » En effet elle
veillait sur sa *fille* en toute circonstance,
la consolait, l'encourageait, lui donnait
des soins pour sa santé ou ses études, et
conservait à son égard un ton de douce
autorité. « Aline, lui disait-elle souvent,
« d'un air tendre et triste, je suis votre
« petite maman, puisque nous n'en
« avons plus d'autre. »

A cette amitié de sœur, trop touchante
pour ne pas excuser ses petits excès,
Malvina joignait d'autres sentiments aussi
délicats qu'élevés. Sa reconnaissance et
son attachement pour ses tantes et bientôt
pour ses maîtresses, ses inclinations géné-
reuses et surtout sa charité pour les pau-

vres se manifestaient de mille manières. Donner était une jouissance pour son cœur; donner aux pauvres était une jouissance plus douce encore, car le souvenir de sa mère et un sentiment de foi se mêlaient à tous ses actes de bienfaisance. A l'époque de la nouvelle année, elle avait reçu une écritoire très-élégante et qu'elle avait vivement désirée; mais à peine l'eut-elle entre les mains : « Ah ! « dit-elle, c'est l'occasion de faire un sa- « crifice, » et elle l'offrit à une personne qu'elle aimait et vénérait également.

Telle était Malvina dans les premiers mois de son séjour au Sacré-Cœur: enfant pleine de qualités attachantes, et ouvrant son âme aux impressions de la piété;

mais cette piété était encore peu éclairée, et ces qualités, dons heureux de la nature, n'avaient pas reçu de la grâce toute leur perfection. Cependant le temps était court, et Dieu hâtait son ouvrage; il avait choisi Malvina pour donner deux leçons aux enfants du Sacré-Cœur et pour leur offrir un modèle en deux grandes circonstances : la préparation à la première communion, et la préparation à la mort!

La première communion et la mort! Le dernier de ces actes fixe pour jamais les destinées de l'homme; mais le premier les incline comme sans retour vers le bien ou vers le mal, et de l'un et de l'autre on peut dire presque également que l'éternité en dépend. D'autres élèves du Sacré-Cœur avaient déjà montré à leurs compagnes comment on recueille toutes les grâces d'une éducation religieuse; comment on se dispose dans la retraite à remplir un jour dans le monde les devoirs de la famille, de la société et de la piété parfaite; comment enfin une âme qui veille fidèlement, même au milieu des distractions de la jeunesse, répond, sans surprise, à la voix de Dieu qui l'appelle, quand une longue carrière semblait encore ouverte devant ses pas. Marie de L***, Natalie de L.-M***, Anatolie H*** avaient passé dans le pensionnat comme pour dire à toutes: Ainsi doit vivre, ainsi doit mourir l'enfant du Sacré-Cœur. Mais Malvina était réservée pour modèle à celles qui se préparent à la première communion ; et le tableau de ses vertus héroïques dans une longue maladie peut être offert à tous les chrétiens.

CHAPITRE III.

—◦◦—

Vers le milieu de l'hiver une liste fut dressée comme de coutume, renfermant les noms des élèves que leur âge, leur degré d'instruction et des efforts marqués sur leur caractère appelaient au bonheur d'être admises à la table sainte pour la première fois. Malvina était de ce nombre privilégié, qui s'élevait à trente-trois.

Après quelques semaines d'épreuve au milieu du pensionnat, les futures premières communiantes furent séparées de leurs compagnes, et confiées à la direction d'une maîtresse chargée de les préparer à une si grande action. A partir de cette époque, Malvina, s'élevant au-dessus d'elle-même, entra dans une carrière toute nouvelle : ses défauts ne reparurent que pour être sacrifiés, et ses qualités naturelles devinrent des vertus de foi.

Son premier soin fut de combattre les imperfections de caractère que lui avaient signalées ses maîtresses : paresse, susceptibilité, impatience, ces défauts furent attaqués et détruits successivement par le moyen de l'examen particulier. Cet

exercice, tant récommandé par les maî-
tres de la vie spirituelle, était pratiqué
par une enfant de douze ans avec une
persévérance admirable. Chaque jour,
chaque semaine, le calcul des fautes où
l'avait entraînée son défaut dominant, ce
calcul si pénible à l'amour-propre, venait
l'humilier sans l'abattre, et peu à peu les
fautes allaient diminuant pour dispa-
raître bientôt.

La grâce, trouvant ce jeune cœur libre
de tout obstacle, s'y répandit alors
comme une source abondante au sein
d'une terre féconde et bien préparée; et
les yeux vigilants qui entouraient Malvina virent se développer en elle des
vertus où la nature n'avait plus de part.

2*

L'esprit de sacrifice et l'amour des souffrances, mots étrangers au langage du
monde, mais dont la foi donne l'intelligence, devinrent les saintes habitudes
de cette enfant, jeune, faible, élevée au
milieu de toutes les recherches de la tendresse maternelle. Une prolongation de
sommeil avait été jugée nécessaire à sa
santé : elle se reprocha bientôt cet adou-
cissement à la règle commune. « J'aime à
« dormir, disait-elle naïvement à l'une
« de ses maîtresses, mais quand je pense
« à la messe que je perds en restant au
« lit, j'aime encore mieux me lever. »
La maîtresse générale ayant refusé d'ac-
céder à son désir, elle fit intervenir ses
parents, et obtint enfin de se lever à

temps pour assister chaque jour au saint sacrifice. Lorsqu'au mois de mai, les jeunes élèves qui se préparaient à la première communion reçurent, comme une faveur, la permission de faire chaque matin une demi-heure de méditation, Malvina abrégea encore son sommeil pour jouir de ce pieux exercice. Nous disons *jouir*, car elle ne connaissait plus d'autre plaisir que la prière.

Des maux d'estomac habituels avaient obligé les médecins à lui interdire absolument le maigre. Que de larmes lui fit verser cette défense! « La peine que j'é-« prouve, disait-elle, me fait plus de mal « que tout un carême. » Plusieurs fois elle s'était abstenue sous divers prétextes

de rien prendre le matin; ses maîtresses
soupçonnèrent enfin ce qu'elle cachait
avec tant de soin, le désir de pratiquer
une mortification , et lui défendirent
expressément de semblables actes. « Ah !
« répondit-elle, j'ai fait tant de péchés
« de gourmandise lorsque j'étais en Amé-
« rique ! Ne dois-je pas les expier ? »
Voyant qu'on s'opposait à ses pieux désirs, et qu'on exigeait même qu'elle prît
de petites douceurs nécessaires à son état
de souffrance, elle chercha d'autres sacrifices à faire. Souvent elle refusait les vi-
sites qui lui eussent été les plus agréables.
Elle envoyait sa sœur au salon, et lui
disait à son retour: « Ma tante se porte-
« t-elle bien? c'est tout ce que je veux

savoir. » Quelques personnes du monde croyaient-elles la flatter en lui parlant de plaisirs, de fêtes et de toutes ces vanités que la fortune devait mettre un jour à sa disposition, elle repoussait ces discours mondains avec une énergie extraordinaire. A l'exception de la vive tendresse qu'elle portait à sa famille, tous ses sentiments étaient concentrés au Sacré-Cœur : elle aimait ses compagnes comme des sœurs, ses maîtresses comme des mères, et prenait leur défense en toute occasion. Ne se plaignant de rien et se louant de tout, elle paraissait constamment satisfaite, et l'était en effet ; car une privation offerte à Dieu devenait pour elle une jouissance.

Le cœur de Jésus pouvait-il résister
aux vœux d'un jeune cœur qui le cherchait avec tant d'empressement et au prix
de tant de sacrifices? Nous oserons le
dire, et pourquoi pas? puisque le Fils de
l'homme a revêtu tous les sentiments de
notre nature : impatient de s'unir à une
âme si pure et si fervente, et devançant
les moments trop lents pour l'amour du
Créateur comme pour celui de la créature,
le Seigneur s'approchait de son enfant
dans d'ineffables communications.

Au pied des autels, Malvina, immobile
et comme anéantie, paraissait inondée de
consolations. Rien n'existait plus pour
elle que son Dieu; elle le voyait des
yeux d'une foi vive, elle s'élançait vers

lui par les soupirs de l'espérance, et son amour s'enflammait de plus en plus dans l'attente du grand jour de sa première communion. Sa ferveur était plus touchante encore pendant le saint sacrifice. Combien de fois la vit-on fondre en larmes au moment où le prêtre, se tournant vers les fidèles, prononçait ces paroles: *Ecce Agnus Dei!* Malvina suivait des yeux celles qui allaient s'asseoir à la table sainte, et contemplant ce festin mystérieux où sa place n'était pas encore marquée, elle pleurait et demandait à son cœur ou plutôt à son Dieu quand viendrait le jour de son bonheur.

Au sortir de ces doux entretiens, elle conservait un recueillement profond, et quelque chose d'angélique était répandu sur toute sa personne. Gardant habituellement le silence, même aux récréations, elle ne se mêlait à la conversation de ses compagnes que pour parler de la première communion et de la sainte Vierge.

Nous nous reprochons d'avoir tardé jusqu'ici à rappeler l'amour et la dévotion que la grâce avait inspirés à son élève pour la Reine des anges et la mère des hommes. Orpheline, Malvina croyait avoir un droit de plus à donner ce doux nom de mère à Marie, qu'elle honorait surtout dans le mystère de ses douleurs. Elle aimait à parer ses images, et consacrait à ce pieux emploi tout l'argent de ses menus plaisirs, la part des pauvres faite, car cette part, c'est celle de Jésus-Christ. Avec quelle foi portait-elle à son cou la médaille miraculeuse, qui devait être un des gages de son espérance aux approches de la mort!

Mais de ces pratiques, communes à la plupart de ses jeunes compagnes revenons encore à ces vertus intérieures qui caractérisaient en Malvina la véritable enfant du Sacré-Cœur. L'époque de la première communion approchait; des examens réitérés avaient réduit à vingt-deux les futures communiantes; et Malvina était restée sur toutes les listes avec des notes toujours satisfaisantes. Cependant on préparait ces enfants à leur confession générale; et l'une des instructions

roula sur les motifs de contrition. Malvina, plus attentive que jamais, recueillit
toutes les paroles de sa maîtresse sur un
sujet si touchant. Son cœur était brisé
de regrets; et le soir une autre de ses
maîtresses l'entendit gémir et la trouva
pleurant amèrement dans son lit. Elle
lui demanda la cause de son chagrin.
« Ah! Madame, répondit-elle, pourquoi
« suis-je venue si tard au Sacré-Cœur?
« En Amérique, je ne savais pas tout le
« mal qu'il y a dans une offense faite au
« bon Dieu : c'est ici que j'ai commencé
« à comprendre ce mal, et je pleure de
« ce que j'ai sûrement bien moins de con-
« trition que les autres qui sont plus in-
« struites que moi. » Sa maîtresse la

rassura, et lui dit que par le moyen de
la prière elle pouvait obtenir en peu de
temps toutes les grâces qu'avaient reçues
ses compagnes plus anciennes dans la
maison. « Je profitai de cette disposition
« de son âme, continue la même reli-
« gieuse, pour l'exhorter à vaincre tout
« à fait son caractère. Elle me le promit
« avec un accent de résolution que je
« remarquai ; et dès lors elle devint
« douce, patiente et mortifiée à un degré
« qu'on eût admiré dans une personne
« déjà avancée dans la vertu. Elle ne
« perdait aucune occasion de souffrir
« quelque chose pour obtenir la contri-
« tion. Un mal au doigt très-long et
« très-douloureux, et des crises pendant

« lesquelles son estomac refusait toute
« nourriture, causaient chez elle une
« sorte d'irritation nerveuse qui lui ren-
« dait la pratique de ses devoirs extrê-
« mement pénible. Elle venait alors me
« trouver, et me disait avec une simpli-
« cité touchante : Ah ! Madame, comme
« je souffre ! et comme j'ai envie de m'im-
« patienter ! Je l'engageais à supporter
« doucement ses douleurs en les offrant
« au bon Dieu, et toujours nos conversa-
« tions se terminaient par ces mots : Eh
« bien, oui, et ce sera pour obtenir de
« bien faire ma première communion,
« et avant tout pour mériter la grâce de
« la contrition. »

En effet, les infirmières qui pansaient

son doigt malade et qui la voyaient souvent pâlir et verser des larmes involon-
taires par l'excès de la douleur, n'ont jamais entendu de plaintes qui ne fussent
entremêlées de ces mots : « Mon Dieu,
je vous l'offre! mon Dieu, c'est pour
vous! »

Ses compagnes, admirant tant de vertu
dans une enfant de leur âge, lui témoi-
gnaient une confiance qui la rendait en
quelque sorte l'âme de leurs exercices et
de leurs pratiques de piété. Sa parfaite
exactitude était leur règle vivante, et sa
ferveur animait tous les cœurs. Les futures premières communiantes désiraient-
elles obtenir quelque pieuse faveur de la
maîtresse générale ou même de la supé-

rieure, c'était Malvina qui allait, avec
toute sa simplicité d'enfant, exposer le
vœu de ses compagnes. Était-ce de Marie
ou de Jésus qu'on sollicitait une grâce,
Malvina se mettait en prière et commen-
çait des neuvaines au sacré Cœur de Jésus et à la sainte Vierge, objets sacrés de
ses plus tendres sentiments. La maîtresse
chargée de la direction de ces enfants rap-
porte un petit trait qui montre quelle
vertu brillait en Malvina et quels efforts
lui coûtait cette même vertu. « Un jour
« l'une de ses compagnes dit tout haut :
« Il n'est pas difficile d'être exacte au
« règlement quand on a un caractère
« comme celui de Malvina. Cette der-
« nière ne répondit rien alors, mais elle

« me dit le soir : Vous avez entendu ce
« qu'a dit Alexandrine : ah ! Madame,
« vous savez si cela est vrai ! j'ai quel-
« quefois tant d'envie de m'impatienter ;
« mais je pense à ma première commu-
« nion !... »

Cependant la confession générale était
terminée : Malvina avait fait à sa maîtresse des ouvertures de cœur où celle-ci
avait admiré non-seulement l'innocence
et la candeur de cette jeune âme, mais
l'ouvrage de la grâce en quelques mois,
et déjà une moisson dans une terre où
la semence venait à peine de tomber.
Sa vie passée, ses sentiments et ses
goûts actuels, ses projets pour l'avenir, cette aimable enfant découvrait tout

48   SOUVENIRS DU SACRÉ-COEUR.

avec la naïveté de son âge, mais avec
une précision et une intelligence éton-
nantes.

CHAPITRE IV.

—❦—

Enfin, le 26 mai, la retraite s'ouvrit : donnée par trois ecclésiastiques du mérite le plus distingué, elle était suivie par tout le pensionnat ; mais les premières communiantes restaient, même alors, séparées de leurs compagnes. A l'activité des classes, à la gaieté des récréations avait succédé tout à coup le silence le

3

plus profond, et le recueillement s'imprimait d'heure en heure plus visiblement sur tous ces jeunes fronts ordinairement épanouis par les joies de l'enfance. Mais entre ses compagnes on remarquait encore Malvina à sa contenance angélique; bientôt, hélas! à son abattement et à un air de souffrance que tout son courage ne pouvait dissimuler. Un mal de dents accompagné d'une fluxion la tourmenta pendant les six jours de la retraite, au point de ne lui laisser prendre ni repos ni nourriture. Elle n'en persista pas moins à suivre tous les exercices : et dans cet état si douloureux, elle cherchait encore à pratiquer des mortifications volontaires. Une de ses maîtresses lui présentant une

tasse de lait sucré: « Le lait me suffisait,
« dit Malvina : pourquoi y avoir mis du
« sucre? Il faut bien que j'offre quelques
« petites privations au bon Dieu, car
« je souffre tellement que je ne puis plus
« prier. »

Elle n'eut pas le temps d'écrire les résolutions de cette retraite; nous avons
seulement retrouvé quelques notes au
crayon prises après les premiers discours.
Avec quel attendrissement n'avons-nous
pas lu ces lignes inachevées :

« Première instruction : *Craignez Jé-*
« *sus, qui passe et qui ne revient plus.* Je
« serai fidèle, avec le secours de la grâce,
« aux inspirations du bon Dieu, et je fe-
« rai tout mon possible pour commu-

« nier souvent après ma première com-
« munion ; je veux avec le secours de la
« grâce faire mon salut, quoi qu'il m'en
« coûte... »

« Je ferai tout ce qui dépendra de moi
« pour vaincre mon impatience et mes
« répugnances à obéir... J'éviterai celles
« de mes compagnes qui pourraient me
« détourner de la piété...

Au-dessous de ces résolutions on lit
ces mots : « Par amour pour le règle-
« ment, et par reconnaissance envers
« Dieu de m'avoir accordé la grâce d'être
« élevée au Sacré-Cœur. » Plus loin :
« La mort est une image de la vie : telle
« vie, telle mort. »

Quelques mots indiquent ensuite combien elle avait été touchée du tableau de la mort du juste, présenté par M. l'abbé D*** avec des couleurs toutes célestes.

Ailleurs: « Seule avec Dieu seul. »

Enfin, sanctifiant d'avance des journées qui ne devaient pas lui être données, elle écrit encore : « Je me lèverai au « premier son de la cloche, je m'ha- « billerai, et j'emploierai le dernier quart « d'heure à prendre des résolutions pour « bien passer la journée ; ensuite je ferai « ma prière les yeux baissés et avec le « plus de recueillement possible ; en al- « lant à la messe je réfléchirai à la pré- « sence de Dieu, et en entrant dans « l'église, je ne porterai mes regards ni

« vers la chapelle des étrangers, ni à la
« tribune pour voir celles qui chan-
« tent. »

Ces lignes sont les dernières qu'ait
tracées Malvina. Elle méditait des sacrifices, et Dieu préparait sa couronne. Le
31 mai, veille de la première communion, les compagnes de Malvina se pré-
sentèrent successivement au saint tribunal pour recevoir l'absolution. Moment
solennel que celui où la main du ministre
de Jésus-Christ se lève pour la première
fois sur l'enfant, et par une seule parole
fermant l'enfer, ouvrant le ciel, rend à
l'âme qui a découvert toutes ses fautes
avec un vrai repentir, l'innocence, la paix
et l'amour du Seigneur ! L'ange qui veille

sur cette jeune âme est témoin de ce
prodige, et se réjouit avec les anges qui
sont au ciel.

Avant de s'approcher à son tour,
Malvina vint trouver la directrice des
premières communiantes : « Madame, lui
« dit-elle en se jetant dans ses bras,
« tout en pleurs, pardonnez-moi ! car
« j'ai fait bien de la peine à notre Sei-
« gneur et à vous. » La maîtresse l'assura
que tout était oublié, et voulut lui dire
comme aux autres quelques paroles sur
le sacrement de pénitence ; mais l'extérieur de Malvina et ses larmes abondantes prouvaient ses dispositions intérieures : la maîtresse, profondément

émue, laissa ce cœur aux célestes opérations de la grâce.

Il est d'usage que les premières communiantes, au sortir du saint tribunal,
se couvrent d'un voile blanc, image de la
robe d'innocence qui leur a été rendue.
Malvina reçut son voile des mains de sa
maîtresse, qui vit couler de nouvelles
larmes: c'étaient celles du bonheur. Cependant, ce même soir, la fièvre qui
s'était déjà manifestée les dernières nuits
reparut plus forte, et Malvina se coucha
sans qu'il fût décidé si le lendemain
elle pourrait s'unir à ses heureuses compagnes, ou si la maladie mettrait obstacle
à ses vœux. Son anxiété était extrême,
mais elle espérait tout par l'interces-

sion de Marie. En effet, vers le matin,
elle se trouva beaucoup mieux, et le
médecin déclara quelle pouvait se lever
et descendre à la chapelle. A cette nouvelle une joie céleste anima ses traits,
et lui rendit assez de force pour s'habiller
et suivre ses compagnes dans l'enceinte
où le ciel allait se confondre avec la
terre.

Vingt-deux premières communiantes
étaient rangées au pied des marches du
sanctuaire; leurs compagnes élevaient
à Dieu leurs cœurs et leurs voix, et les
parents versaient des larmes de tendresse
et de joie sur leurs enfants bien-aimées,
quand monseigneur l'archevêque parut
et vint appeler les dons du Ciel en invo-

3*

quant l'Esprit qui les distribue. Le saint sacrifice commença. Malvina, tout absorbée en Dieu, et oubliant sa faiblesse, demeurait à genoux ; et il fallut plusieurs fois l'avertir et la presser de s'asseoir un instant. Enfin Dieu descendit dans son âme, et les anges seuls pourraient dire de quel torrent de délices elle fut inondée.

Mais l'action de grâces était à peine achevée que, la fièvre survenant, Malvina fut obligée de se remettre au lit, et de déposer cette couronne que son front n'avait portée qu'un instant, mais que le Seigneur allait remplacer par une couronne immortelle. Ainsi elle fut privée de la cérémonie du soir, si touchante et si belle ; elle ne vit point cette imposante rénovation des vœux du bâptême, cette procession sous les longues et magnifiques allées du jardin, qui retentissaient de cantiques à la Reine des vierges, cette chapelle ornée de guirlandes de roses et cet autel tout brillant de lumières entre lesquelles apparaissait la statue de Marie ; elle n'entendit point cette allocution pénétrante où les paroles de saint Bernard semblaient être répétées dans le style de Fénelon : *Respice stellam, invocaMariam !* Pieux et doux souvenirs du plus beau jour de la vie pour ces jeunes enfants, qui consacrèrent alors à Marie des cœurs où son divin Fils venait de reposer.

CHAPITRE V.

— ◆ —

Hélas ! tout était joie au Sacré-Cœur ;
car on ignorait encore quel coup avait
frappé une élève sortie depuis peu de
jours, Aline O'Connor, la sœur de Malvina. Cette enfant, âgée de neuf ans,
s'était trouvée assez gravement indisposée
au moment où sa sœur entrait en retraite ;
et Mme la baronne de Courcy avait désiré

la prendre chez elle pour lui donner ses soins de mère et de la plus tendre des mères. Mais que peuvent tous les soins et même les efforts de l'art quand le Seigneur a prononcé l'arrêt? Aline, pleine d'esprit, de sensibilité et de cette candeur, la plus aimable des grâces de l'enfance, Aline expira le 1er juin, au moment où Malvina s'unissait à son Dieu pour la première fois. Cette mort accabla M. et Mme de Courcy; ils aimaient leur nièce comme une fille; cependant ils eurent la force de cacher leur douleur à Malvina. On voulait qu'elle n'apprît la perte de sa sœur qu'après son propre rétablissement : ce moment n'est pas venu; elle a donc ignoré qu'Aline ne fût plus sur la terre jusqu'au jour où toutes les deux se sont retrouvées dans le ciel.

Cependant cette enfant chérie paraissait retrouver un peu de force; des symptômes équivoques d'une fièvre scarlatine, assez commune dans ce moment, avaient disparu heureusement, quand le 10 juin, jour de la grande fête du Sacré-Cœur, elle eut une hémorragie des plus violentes. Les médecins appelés employèrent tous les moyens, mais avec peu de succès, et la nuit suivante le sang coula plus abondamment que jamais des narines, des gencives et du palais. L'enfant, déjà si faible, fut bientôt réduite à une sorte d'anéantissement ; à peine pouvait-elle prendre quelques gouttes de jus

d'orange, et sa respiration entrecoupée ne
s'échappait qu'avec de vives douleurs.
Pendant qu'on lui prodiguait tous les
soins imaginables et que ses tantes, sa
cousine et ses maîtresses entouraient son
lit, concentrant leurs inquiétudes, mais
ne pouvant cacher leur affliction, elle
restait calme, patiente et résignée à toutes
les volontés de Dieu. Son crucifix et une
image de Notre-Dame des Sept-Dou-
leurs suspendue devant ses yeux, sa médaille miraculeuse reposant sur son cœur,
elle souffrait et priait en silence. Les
crises étaient-elles plus pénibles, elle
baisait ces pieux objets et quelquefois la
main de sa maîtresse générale, en lui
disant : « Restez près de moi et priez

« pour moi. » Et en voyant des larmes
dans les yeux de cette dernière, elle ajou-
tait : « Pourquoi pleurez-vous ? C'est la
« seule chose qui me fasse du chagrin. »
C'est avec la même douceur et la même
affection qu'elle consolait sa seconde
mère et Elmire, qui ne la quittaient ni
jour ni nuit. Elle demandait des nouvelles de sa sœur : « Aline est bien, lui
« disait-on ; elle est hors de Paris, et tu
« la reverras un jour. » Hélas ! nous espé-
rions que ce jour arriverait moins promptement !

Les médecins jugèrent à propos de
faire couper les longs et beaux cheveux
noirs de la jeune malade : elle refusa
d'abord d'y consentir ; mais à peine lui

eut-on dit : « Ne ferez-vous pas ce sacrifice à notre Seigneur, qui s'est donné tout à vous ? » elle répondit : « Oui, je le fais de tout mon cœur. » Et pendant cette opération elle répéta plusieurs fois avec sa simplicité ordinaire : « Mon Dieu, c'est bien pour vous seul que je laisse couper mes jolis cheveux ! »

L'hémorragie, qui avait reparu à plusieurs reprises, cessa enfin ; mais une inflammation de l'estomac et du foie, annoncée par de fréquents vomissements, succéda aux deux premières maladies. Des consultations presque journalières avaient lieu entre les plus célèbres médecins de la capitale ; mais la famille de Courcy ne mettait pas son espérance

dans les moyens humains. C'était au pied
des autels que ces parents désolés allaient chercher leurs consolations; c'était
à Dieu seul qu'ils redemandaient leur
chère Malvina. Des neuvaines, des messes
quotidiennes , d'abondantes aumônes
étaient offertes pour obtenir ou le rétablissement ou le bonheur éternel de cette
enfant, seul reste d'une famille mois-
sonnée en trois ans. Que de fois nous
avons vu Malvina prier en silence ou
contempler son crucifix, tandis que sa
tante et l'angélique Elmire, à genoux
devant l'image de Marie, récitaient des
prières vocales que l'enfant aimait à entendre! Son oncle venait aussi la voir,
malgré ses propres souffrances, et elle

oubliait alors les siennes pour dire quelque chose de tendre et d'affectueux à son second père.

Elle était cependant tombée dans un état de faiblesse et de maigreur effrayant ; et, quoiqu'elle souffrît beaucoup au lit, on ne pouvait que bien rarement la placer sur une chaise longue. Des cautères posés et entretenus sur les côtés lui causaient de vives douleurs ; une toux opiniâtre ne lui laissait presque pas de sommeil ; et plusieurs dépôts, se formant successivement à la gorge, nécessitèrent de cruelles opérations. Elle souffrait avec un courage étonnant ; et si quelquefois, l'excès de la douleur irritant sa vivacité naturelle, une brusquerie lui échappait

envers les personnes qui l'entouraient,
bientôt elle s'en humiliait, et demandait
pardon même avec larmes.

L'extrême délicatesse de sa conscience
l'alarmait souvent sans sujet; elle croyait
avoir fait quelques fautes, priait toutes
celles de ses maîtresses qui venaient la
voir d'oublier les peines qu'elle aurait
pu leur causer, et l'accent de son repentir
était si humble et si touchant qu'on ne
pouvait l'entendre sans émotion.

Tous ses entretiens étaient de Dieu et
des choses du ciel : si quelques personnes
du monde cherchaient à la distraire par
d'autres discours, elle restait indifférente,
ou même ne cachait pas son méconten-
tement pour peu que la piété ou la

charité lui parussent offensées. Son mé-
pris pour la fortune, les plaisirs et les
avantages mondains, était si profond,
qu'elle s'exprimait sur ce sujet avec le
langage des saints, deviné par sa foi.
Restée seule, elle se faisait lire une partie
des prières de la sainte messe, quelques
passages d'un livre de piété, et demandait
qu'on l'aidàt à réciter exactement ses
prières, le chapelet, l'*Angelus*, etc. Jamais
sa dévotion ne se fatiguait, et sa sainte
avidité des choses spirituelles augmentait
à mesure qu'elle perdait le goût de tout
ce qui tient aux sens.

Ses souffrances, son épuisement, l'approche de tristes anniversaires, tout la
pénétrait de l'idée d'une fin prochaine.

Loin d'en être effrayée, elle aimait à
s'entretenir du bonheur de voir Dieu et
de retrouver un père et une mère qu'elle
chérissait uniquement. On avait cru devoir lui cacher la mort d'une de ses jeunes
compagnes ; mais une parole échappée
par mégarde lui découvrit ce triste secret : « Blanche est morte? dit-elle; oh !
qu'elle est heureuse, et que je voudrais
être à sa place! » On lui demanda la raison
d'un tel langage : « Blanche n'avait que
six ans, répondit-elle humblement, elle
était innocente, et sans doute elle est
allée droit au ciel. Mais moi, qui ai com-
mis tant de péchés, je serai longtemps
en purgatoire. »

Elle se confessait et aurait bien désiré

communier aussi ; mais ses vomissements
y mirent d'abord obstacle ; et plus tard
le danger étant moins pressant, on ne
jugea pas à propos de lui donner le saint
viatique. Privée pour quelque temps de
ce bonheur, elle fut consolée par celle
que l'Église nomme le *Salut des infirmes*,
et qui vient comme une mère soutenir
ses enfants sur le lit de leur douleur.
Sans cesse Malvina invoquait Marie en
pressant sur ses lèvres la médaille source
de grâces ; sans cesse un cierge brûlait
devant l'autel de cette Vierge sainte, et
des messes y étaient célébrées pour la
jeune malade. Et celle qui rend l'espérance aux pécheurs n'aurait pas répandu
la joie du ciel dans l'âme de l'innocente

qui l'aimait d'un amour si pur et si touchant? Une nuit, la sœur qui veillait à l'infirmerie entendit Malvina parler assez haut et lui demanda ce qu'elle voulait. « Laissez-moi, répondit l'enfant: je parle avec la sainte Vierge. » Un instant après elle ajouta : «Oh! que je suis heureuse de sa visite et de ce qu'elle m'a promis! C'est que mon nouvel abcès n'aura pas besoin d'être ouvert. »

Il s'agissait d'un de ces dépôts à la gorge dont nous avons parlé. On y avait porté le fer à diverses reprises, et la pauvre petite redoutait tellement ces opérations, que rien ne pouvait la déterminer à s'y résigner, excepté ces paroles: « Pour le bon Dieu, pour Jésus crucifié, pour la sainte

Vierge ! » Alors elle s'abandonnait à la
volonté des médecins. Ceux-ci avaient
fixé le jour suivant pour ouvrir le nouvel
abcès, quand, soit dans une vision, soit
dans un songe si l'on veut, mais dans
l'un de ces songes que le Seigneur en-
voie à ses bien-aimés, Malvina reçut la
promesse de Marie. L'effet en justifia la
réalité ; car les médecins étant arrivés
déclarèrent que le dépôt avait presque
entièrement disparu, et que l'opération
était tout à fait inutile. Ce fait ne fut
point relevé dans le temps.

Une autre nuit, la sœur entendit encore Malvina s'entretenir à voix haute
comme avec une personne présente. Le
matin, l'enfant avoua à la maîtresse de

santé, et ensuite à Mme et à Mlle de
Courcy, qu'elle avait eu une conversation
avec la sainte Vierge. La joie brillait
dans ses yeux : elle demanda qu'une
messe d'action de grâces fût célébrée
solennellement, et voulut se confesser
pour s'unir au saint sacrifice dans des
dispositions plus parfaites; « mais, ajouta-
t-elle, je ne puis révéler à personne ce qui
m'a été dit. Je suis heureuse : c'est tout
ce que je puis avouer. »

Quelque extraordinaires que parussent
de tels faits, on les attribua à l'imagination un peu troublée par tant de souffrances, et l'on n'en parla point. Cependant Malvina, naturellement calme,
n'était pas disposée à l'exaltation, et,

quoique fort affaiblie, elle n'avait ni délire, ni absence de ses facultés intellectuelles.

Il faut avoir été témoin de tant de
scènes attendrissantes pour concevoir la
douleur, la tendresse et les soins dont les
parents de Malvina entouraient cette enfant que Dieu leur enlevait doucement.
On eût dit que ce Dieu plein de miséricorde ne pouvait ni retarder le bonheur
de Malvina, ni se résoudre à frapper d'un
nouveau coup ces cœurs déjà si profondément déchirés. M\ume de Courcy avait
adopté les enfants d'une sœur chérie au
lit de mort de cette sœur, et toutes deux
échappaient à ses bras maternels comme
une fugitive espérance. Cette idée l'acca-

blait; et sans la religion, nous eussions vu le désespoir là où nous avons vu la douleur, mais la douleur toute chrétienne.

Malvina était au lit depuis six semaines. Le danger imminent n'existait plus; mais une fièvre lente et d'autres symptômes annonçaient que le mal s'était jeté sur la poitrine; et la nature épuisée devait succomber à cette dernière attaque. Mme de Courcy se décida à faire transporter chez elle son enfant, qu'elle voulait soigner le jour et la nuit. Nous ne dirons pas quels furent les regrets mutuels de Malvina et des mères qu'elle laissait au Sacré-Cœur : leurs adieux étaient faits jusqu'à l'éternité.

Ce fut le 15 juillet que cette enfant quitta la maison où le Seigneur l'avait comblée de tant de grâces : la sœur Marie-Antoinette, l'une des excellentes religieuses si bien nommées de Bon-Secours, la suivit chez M. le baron de Courcy. C'est d'elle et de quelques notes de Mlle Elmire que nous avons recueilli les derniers détails sur notre ange.

CHAPITRE VI.

En s'éloignant du Sacré-Cœur, Malvina renouvela toutes ses résolutions de
vaincre son caractère et d'anéantir jusqu'aux derniers restes de cette vivacité
d'amour-propre, constant objet de ses
efforts. Dieu multipliait ses faveurs, et
la grâce devenue plus forte à mesure que
la nature s'affaiblissait, Malvina offrit un

modèle de patience tel et si héroïque,
nous oserons le dire, que le prix lui fut
accordé avant la fin du combat.

Ses maux allant toujours croissant,
tout son corps fut réduit à un état qui
arrachait des larmes aux personnes char-
gées de la servir; on ne pouvait la changer de linge ou de position qu'en lui cau-
sant les plus vives douleurs ; et cependant
il ne lui échappait pas une plainte. Un
sourire aimable reposait encore sur ses
lèvres décolorées, et elle ne les ouvrait
que pour des paroles de résignation et de
piété. S'apercevait-elle des inquiétudes
trop fondées qu'inspirait son état, elle
répétait avec sérénité : « Vouloir ce que
Dieu veut est la seule science qui nous

mette en repos. » D'autres fois, voyant des larmes s'échapper des yeux de sa tante ou d'Elmire, elle prenait leurs mains et leur disait tendrement: « Pourquoi pleurez-vous? J'irai au ciel prier Dieu pour vous. — Tu veux donc nous quitter? répondait Mme de Courcy. — Cela me fait beaucoup de peine, reprenait Malvina; mais aussi je verrai le bon Dieu, la sainte Vierge, et je prierai pour vous tous et pour la guérison des yeux de mon oncle. » Nous lui disions quelquefois de se plaindre, raconte Elmire: « Non, répondait-elle; cela vous ferait de la peine. »

Son union avec Dieu était continuelle, et c'était dans la contemplation de Jésus

4*

crucifié qu'elle puisait la force de souffrir, et même la joie des saints au milieu
des douleurs de son long martyre. Jamais
elle ne demandait à changer de position,
et lorsque la sœur Marie-Antoinette lui
proposait ce petit soulagement, elle répondait: « Jésus-Christ a été attaché sur
une croix : ainsi je puis rester comme je
suis. » Sa réponse ordinaire aux personnes qui demandaient de ses nouvelles
était celle-ci: Je suis sur la croix; » et
elle jetait un regard vers son crucifix.

Elle avait toujours aimé les pauvres,
et s'en occupait encore dans les derniers
jours de sa vie. Elle pria sa tante de
donner une certaine somme à une maison
d'orphelines, et ajouta ces touchantes pa-

roles: « Moi aussi, je suis orpheline. »
Elle fit habiller de pauvres enfants, et
envoya devant elle ces bonnes œuvres
au sein du Père des miséricordes, où
elle devait bientôt aller se reposer de
tant de souffrances. Heureux ceux qui,
comme cette enfant de bénédictions,
n'ont connu les richesses que par l'aumône !

La mort s'approchait cependant, mais
sous les traits de l'espérance chrétienne;
et Malvina se préparait au dernier passage comme un enfant se prépare à re-
tourner dans les bras d'un père et d'une
mère. « Je suis tranquille, répétait-elle
avec un accent de paix ineffable : mon
confesseur m'a dit : Mon enfant, vous

avez bien fait votre première communion. »

Son confesseur était M. l'abbé J***, vi-
caire général de Paris ; il la voyait souvent,
et lui accorda quatre fois la consolation
de recevoir le saint viatique. Ses dispositions à cette grâce des grâces étaient
celles d'un ange, et les effets s'en manifestaient non-seulement par un accrois-
sement d'amour, de joie et de force dans
les souffrances, mais par un mieux sensible qu'éprouvait son corps pénétré d'une
vertu divine. Elle reçut aussi le sacrement des mourants, et l'huile sainte pu-
rifia encore cette jeune victime que Dieu
s'était choisie.

Cependant, pour consommer son martyre et ses mérites, le Seigneur accrut ses souffrances : son côté droit s'enfla prodigieusement, tandis que le gauche ne présentait que des os à peine recouverts par la peau. Des plaies se formèrent en plusieurs endroits et rendirent comme impossible le plus petit mouvement. Les médecins essayaient d'inutiles remèdes. « Ah! disait Malvina, j'aimerais bien mieux qu'on donnât aux pauvres tout l'argent qu'on dépense pour des consultations qui ne me rendront pas la santé! » Mais elle recherchait avec un saint empressement les remèdes célestes, qui ne sont jamais sans effet pour l'âme pleine de foi quand ils n'agissent pas sur le corps, condamné à périr. Elle voulait

qu'on fît toucher tout son linge à la
châsse de sainte Geneviève; et quelquefois, s'amusant un instant de l'espoir de
son prompt rétablissement, elle faisait
des projets pour assister à la messe de
minuit dans la chapelle du Sacré-Cœur.
Mais bientôt revenant aux pensées de la
mort, elle regrettait de ne pas finir sa vie
dans la maison où elle avait fait sa première communion et entre les bras de ses
anciennes maîtresses. Que de fois elle
leur fit transmettre un tendre souvenir,
et avec quelle joie elle recevait les assu-
rances de leur affection! Qu'importent
les lieux à la charité, qui de tous les
cœurs chrétiens ne fait qu'un seul cœur
dans celui de Jésus-Christ? Malvina loin

de ses maîtresses et de ses compagnes était toujours leur enfant et leur sœur bien-aimée.

CHAPITRE VII.

⟶⊹⟵

Nous ne nous dissimulons pas que ce qui nous reste à raconter pourra trouver des incrédules. Le monde n'entend rien aux mystères de la piété; et comment des hommes orgueilleux de leur science comprendraient-ils quelque chose à ce secret langage que Dieu tient aux humbles de cœur? « Je vous rends grâces, mon Père, disait Jésus-Christ, parce que vous avez caché ces choses aux sages et aux prudents, et que vous les avez révélées aux petits (1). Il en a été ainsi dans tous les siècles : et pourquoi dans le nôtre en serait-il autrement? Les hommes voudraient-ils mettre des bornes à la bonté de notre Dieu? Ils la méprisent; du moins qu'ils nous en laissent jouir. Les infortunés! s'ils connaissaient le don de Dieu et les douceurs qu'il a cachées pour ceux qui le craignent et qui l'aiment! Hélas! ils souffrent comme nous les peines de la vie, et ils n'ont pas comme nous un

(1) *Confiteor tibi, Pater, quod abscondisti hæc a sapientibus et prudentibus, et revelasti ea parvulis.*

(Luc, cap. x, v. 21.)

Dieu qui les console et qui vienne les visiter sur le lit d'infirmités où le monde les abandonne!

Pour nous, qui connaissons la charité de ce Dieu, nous ne nous étonnons point en le voyant descendre par ses mystérieuses consolations jusqu'à l'âme d'une enfant qui ne soupirait que pour lui. Du reste, nous allons rapporter simplement et fidèlement le récit de témoins oculaires, ne prétendant imposer à personne notre opinion sur ce fait.

Le 17 octobre, à quatre heures de l'après-midi, Malvina étant couchée, mais parfaitement éveillée et jouissant de toute sa connaissance qu'elle n'a jamais perdue, son visage s'anima tout à coup d'un feu

céleste, et elle s'écria : « Adieu ! adieu !...
« Elmire, chère Elmire ! Je ne suis pas
« pour le monde ; je vais aller au ciel,
« qui est ma patrie, rejoindre papa et
« maman. Ah ! ah ! quel bonheur ! Voilà
« la sainte Vierge qui vient me cher-
« cher ; voyez donc comme elle est belle !
« Voyez-vous ces deux anges qui appor-
« tent ma couronne ? Oh ! la belle cou-
« ronne ! Mais voyez donc comme elle
« est belle ! cette couronne, c'est la ré-
« compense de mes souffrances. Ah !
« non, non, Vierge sainte, je n'ai pas
« assez souffert ! Voilà la sainte Vierge
« qui vient me chercher... Mais voyez
« donc ! vous autres, ne voyez – vous
« donc pas comme elle est belle ! Retire-

« toi, Satan, je ne t'écoute pas... Voyez
« le ciel, comme il est beau ! Que je suis
« heureuse ! que je suis heureuse !...
« Avancez, avancez, vous m'empêchez
« de voir les pieds de la sainte Vierge...
« Adieu, cher oncle, ne pleurez pas ; je
« vais au ciel prier Dieu de vous rendre
« la vue. Adieu, chère tante, je vais
« prier Dieu pour vous ; je vous remercie
« de tous vos soins. Adieu, Mme B***; je
« vous remercie de vos bontés. »

M., Mme et Mlle de Courcy, une dame
de leurs amies, la sœur Marie-Antoinette
et trois domestiques étaient présents à
ce moment solennel où Malvina mourante semblait déjà vaincre la mort et
revêtir l'immortalité. Sa voix était forte

et son front rayonnant d'espérance. Cette sorte d'extase dura sept à huit minutes; mais en disparaissant Marie laissa son enfant pénétrée des joies du ciel qu'elle avait entrevues, et les témoins d'une scène si touchante pleins de foi et d'une piété nouvelle. A ces émanations divines, s'il est permis de s'exprimer ainsi, à ce passage qui répand la grâce comme un parfum délicieux, qui ne reconnaîtra l'auguste Mère de Dieu ? Mais, encore une fois, nous ne prétendons rien affirmer; nous rapportons les choses telles que les raconte une famille chrétienne, et nous nous unissons à elle pour bénir le Seigneur, qui a merveilleusement consolé l'enfant de sa prédilection.

Six jours se passèrent encore dans les plus vives souffrances ; mais l'âme de Malvina, tout entière dans le ciel, oubliait les douleurs de son corps qui tombait en ruine. Enfin le 23 octobre, de nouvelles crises annonçant que l'heure était venue, elle reçut une dernière fois l'absolution et le saint viatique. Ce germe d'immortalité déposé dans sa chair pour le grand jour de la résurrection la fit tressaillir de joie ; et, divinement fortifiée, elle se prépara à triompher de la mort. Il était huit heures du matin quand elle communia ; toute la journée se passa dans un recueillement intime. « Laissez-« moi prier, disait-elle, je n'ai plus qu'un « jour ! » Elle répéta souvent ces paroles,

demeurant ensuite dans une grande paix.
Le soir arriva : remplissant un dernier
devoir sur la terre, elle fit de tendres
adieux à son oncle, à sa tante, à sa chère
Elmire et à la sœur Marie-Antoinette,
son excellente garde, à qui elle dit :
« Quelle grâce voulez-vous que je de-
« mande à Dieu pour vous? » Toute la
maison fondait en larmes; elle seule était
dans la joie. Un étouffement survint; la
sœur Marie-Antoinette lui suggéra ces
paroles : « Mon Père, je remets mon âme
entre vos mains. » Elle les répéta et dit :
« Je vais au ciel. » Au même instant sa
tête s'inclina sur le bras de la sœur, et
son âme s'échappa dans un dernier soupir d'espérance et d'amour.

Qui pourrait peindre la douleur d'une famille deux fois frappée du coup le plus terrible? Aline enlevée en quelques jours, Malvina succombant après cinq mois de souffrances, ces deux enfants emportaient toute la joie de leurs seconds parents. Mais Malvina avait déjà prié devant le Seigneur, et des grâces de résignation, de courage et d'angélique piété, sont venues consoler des cœurs qui refusaient toute autre consolation.

Au Sacré-Cœur, le souvenir de Malvina ne s'effacera point : celles qui furent ses mères rappelleront ses vertus à celles qui lui donnèrent les noms de compagne et de sœur; elles en parleront surtout aux enfants que Jésus-Christ invite à sa

5

table, et leur diront : Voilà ce que Malvina a fait pour se préparer à sa première
communion ! Levez les yeux, et voyez ce
que son Dieu a fait pour elle ! Un même
tombeau a réuni, dans le cimetière de
Montmartre, Aline et Malvina ou plutôt
leurs dépouilles mortelles ; car les deux
sœurs, un instant étonnées de se retrouver au séjour de la gloire, y suivent maintenant sans doute le chœur de ces jeunes
vierges qui jettent aux pieds de Marie les
roses de leur printemps désormais éternel. Élevé par les mains de la foi, ce
tombeau où reposent des cendres si
chères, porte sur un fond de marbre
blanc une couronne d'immortelles en
bronze doré, au-dessus de laquelle ou

lit ces mots, souvenir de la vision de Malvina :

« ELLES ONT REÇU LA RÉCOMPENSE QUE DIEU A PROMISE A CEUX QUI L'AIMENT! »

Le calice d'amertume renfermait encore une autre douleur pour Mme de Courcy. Elle y avait puisé tant de force chrétienne, que Dieu, proportionnant l'épreuve à la grâce, comme à ses desseins d'éternelle miséricorde, lui demanda encore un sacrifice, le plus douloureux de tous, et la trouva fidèle et résignée. Elmire, cet ange consolateur de la famille, fut atteinte, quelques mois après la mort de Malvina, d'une maladie contre laquelle restèrent impuissants tous les efforts de l'art des médecins et de la tendresse d'une mère. Bientôt convaincue qu'elle ne se relèverait pas de son lit de douleur, Elmire ne pensa plus qu'à se préparer à la mort, en imitant sa cousine bien-aimée. Souvent elle disait à la sœur Marie-Antoinette : « Je veux faire tout « ce que faisait Malvina, » et comme elle, souffrant en silence, elle n'ouvrait la bouche que pour consoler ses parents, abîmés dans la douleur, ou pour bénir le Seigneur, qui avait révélé à cette famille vraiment chrétienne la grâce de la croix. Souvent, de sa voix mourante, elle essayait de répéter les cantiques du Sacré-Cœur, qui avaient charmé les souffrances de Malvina, et surtout celui qui commence par sa paroles : *Beau ciel, éternelle patrie!* Enfin ce ciel s'ouvrit à ses désirs, et elle expira, au mois d'août 1837, après avoir reçu tous les secours de la religion, et joignant à une innocence que le monde n'avait jamais ternie, des vertus déjà mûres et rendues parfaites par la patience.

SOUVENIRS

DU

SACRÉ COEUR

DE PARIS

MARIE DE LESPINASSE

Morte en 1822.

———◦◦———

Marie de Lespinasse, dont la mémoire
est restée en bénédiction parmi les élèves
du Sacré-Cœur, entra en 1818 au pensionnat de Paris. Elle y apportait non-
seulement l'innocence du premier àge et

5*

d'heureuses dispositions à la piété, mais des vertus, fruits déjà murs de ces grâces que le Seigneur avait répandues sur elle comme une rosée de prédilection.

« A peine âgée de quatre ou cinq ans,
« écrivait sa pieuse mère, Marie faisait
« ses prières, les mains jointes, les yeux
« élevés au ciel et le cœur plein d'une
« ferveur naissante, qui réjouissait sans
« doute les yeux de son ange tutélaire. »

Le soir, elle se couchait en priant, et les dernières paroles qu'arrêtait sur ses lèvres le sommeil, si prompt à descendre vers l'innocence, c'étaient celles-ci : « Mon Dieu, ayez pitié de moi ! Jésus, Marie, Joseph, je me donne toute à vous ! » Elle aimait à baiser une croix que sa mère portait au cou ; et à la vue de cet objet sacré elle exprimait les plus tendres sentiments d'amour et de reconnaissance pour celui qui nous a aimés jusqu'à nous donner tout son sang.

La charité envers les pauvres, caractère de bénédiction que Dieu imprime à ses enfants privilégiés, était admirable dans Marie. Sa mère, ou d'autres personnes de la maison distribuaient-elles quelques aumônes, elle courait prendre de leurs mains l'argent, le pain, les vêtements, et les présentait aux pauvres avec cette affection respectueuse que la foi inspire aux disciples de Jésus-Christ pour les membres souffrants de ce divin maître. Une de ses plus grandes jouis-

sances était d'accompagner sa bonne à
l'hôpital, et d'y distribuer aux malades
les petites douceurs qu'elle avait reçues,
ou l'argent de ses menus plaisirs.

Nous raconterons quelque chose de
plus touchant encore. Un officier distingué, mais ruiné par d'affreux malheurs,
vivait, avec sa fille, dans un état voisin
de la misère. Marie, âgée de neuf ans,
devint leur ange consolateur : elle allait
égayer la jeune fille et pleurer avec le
vieux père, qui lui racontait ses infor-
tunes, que l'aimable enfant ne compre-
nait peut-être pas bien, mais qu'elle
savait plaindre. Ce vieillard tomba malade quelque temps avant la mort de
celle qu'il nommait son ange. « Je serais

guéri, disait-il à Mme de Lespinasse, si
je la voyais! Elle avait le secret de me
consoler de toutes mes peines... Une âme
telle que celle de Marie, ajoutait-il, fait
plus de bien que tous les riches n'en sau-
raient faire : elle console, eux ne peuvent
que secourir. »

A son entrée au Sacré-Cœur, Marie
avait douze ans : elle fut placée dans la
quatrième classe, et bientôt elle y donna
l'exemple de toutes les vertus : piété, régularité, amour du travail, application
aux études sanctifiée par les intentions
les plus pures; docilité, confiance et attachement plein de respect pour ses maîtresses; douceur, prévenance et bientôt
zèle aussi tendre qu'ingénieux à l'égard

de ses compagnes ; ces traits que l'imagination réunirait s'il fallait tracer le por-
trait idéal d'une parfaite élève du Sacré-
Cœur, ces traits brillaient dans Marie à
travers le voile dont son humilité cherchait à les couvrir.

Nous ne pouvons consacrer qu'une note
à des souvenirs édifiants qui formeraient
un volume : sans entrer dans les détails
encore présents à la mémoire de toutes
les personnes qui ont connu Marie, nous
dirons seulement qu'elle devint en peu de
temps l'un de ces rares exemples de perfection que Dieu accorde aux établisse-
ments religieux pour être, dans leur sein,
comme des monuments qui marquent à
quelle hauteur peut s'élever la faiblesse

humaine quand elle est appuyée sur la grâce divine.

Le pensionnat du Sacré-Cœur, à Paris, était à peine formé lorsque Marie de Lespinasse y fut admise. Plus qu'aucune autre elle contribua à développer et à répandre parmi les élèves cet esprit de foi et cette tendre dévotion à la sainte Vierge qui ont fait depuis le caractère distinctif et pour ainsi dire l'âme du pensionnat. Que de bien n'eût-elle pas opéré plus tard, et au milieu du monde, par l'influence de sa piété si aimable, si douce et toutefois si ferme et si courageuse! Mais le Seigneur en avait autrement ordonné!

Elle était encore à la quatrième classe, l'une de celles qui forment le cours inférieur, lorsque les suffrages unanimes des élèves lui décernèrent le premier médaillon et le premier ruban de mérite, c'est-à-dire la plus haute de toutes les distinctions accordées à la sagesse. Les quatre premières classes ont seules droit d'y prétendre ; mais on jugea que la vertu extraordinaire de Marie et le vœu général de ses compagnes autorisaient une exception à la règle, et elle reçut ce ruban et ce médaillon qui ne devaient plus la quitter et qui reposèrent encore sur son cercueil.

Quelque temps après, le 25 mars 1820, la congrégation des enfants de Marie fut solennellement instituée ; et douze élèves prononcèrent l'acte de consécration qui les attachait par les liens les plus doux au culte et surtout à l'amour de la sainte Vierge. Marie de Lespinasse était une de ces enfants privilégiées qui devinrent en ce jour les pierres fondamentales de cette petite congrégation si chère à Jésus et à Marie : elle devait être la première appelée au ciel, où déjà tant d'autres l'ont suivie. Et maintenant réunies aux pieds de leur reine et de leur mère, elles prient sans doute pour leurs sœurs et demandent que cette famille bénie se multiplie autour du même autel qui la vit naître.

Au commencement de 1822, madame de Lespinasse annonça le projet de retirer du Sacré-Cœur sa fille, qui venait d'accomplir sa seizième année. Le cœur de Marie s'épanouit à la pensée de revoir une famille et surtout une mère tendrement aimée; mais la douleur de quitter des maîtresses et des compagnes qui étaient pour elle d'autres mères et d'autres sœurs, et surtout la crainte des dangers du monde, balançaient une joie si légitime.

Dans sa profonde humilité, elle se croyait trop faible pour lutter contre ces obstacles qui hérissent la voie du ciel tracée au milieu du monde; elle aurait voulu ne jamais quitter les sentiers de la solitude : et cependant le moment du départ approchait. Prosternée aux pieds de son Dieu et de son Sauveur, qu'elle venait de recevoir dans une fervente communion, elle demanda de mourir au Sacré-Cœur, si, loin de cet asile, elle devait

perdre un jour l'amour qui l'unissait à
Jésus et à Marie. Cet acte héroïque fut ac-
cepté. Quelques jours après, Marie tomba
malade, et fut bientôt réduite à toute
extrémité. Mais qu'est-ce que la mort
pouvait offrir de terrible à une âme qui
déjà entrevoyait le ciel qu'elle venait
d'acheter au prix du plus généreux sacrifice? Une patience inaltérable, une obéissance touchante à toutes les ordonnances
des médecins, à toutes les dispositions
des infirmières, et une autre obéissance
plus touchante encore à la volonté de son
Père céleste, tels étaient les sentiments
de Marie, qui mourait comme elle avait
vécu, fidèle imitatrice de Jésus obéissant
jusqu'à la mort. Le démon essaya de

troubler par quelques nuages ce soir d'un
jour si pur, disons plutôt cette aurore
d'un jour qui n'aura pas de soir; mais un
regard de Marie vers l'image de la Reine
du ciel, et sans doute un autre regard
mystérieux que cette divine Mère abais-
sait sur son enfant, dissipaient ces tristes
obscurités et ramenaient la joie dans
l'âme de la jeune malade.

Que de vœux cependant redemandaient
cette enfant bien-aimée déjà presque ra-
vie à la terre! Le pensionnat, les enfants
de Marie et la communauté tout entière
s'unissaient à sa famille pour conjurer le
Seigneur de bénir les efforts des médecins
qui luttaient encore contre le mal toujours croissant. Mais Marie avait achevé

sa tâche, elle pouvait dire avec son Sauveur : *Tout est consommé,* l'œuvre de la
grâce et celle de la fidélité ; et, pleine
d'une confiance filiale, elle pouvait ajouter ces paroles : « Mon Père, je remets
mon âme entre vos mains. »

Ni le monde, ni le péché n'avaient
souillé cette âme lavée dans le sang de
Jésus-Christ. On lui demanda si elle
n'avait point d'inquiétudes. « Aucune,
répondit-elle : je crains seulement d'avoir
agi contre le parfait abandon à la volonté
de Dieu en demandant à mourir au Sacré-
Cœur. » Ainsi saintement aveuglée par
l'humilité, elle voyait une faute dans un
acte d'amour sublime. Heureux aveugle-
ment ! heureuses alarmes qui n'ont qu'un

tel sujet! Le 4 mars, Marie perdit la parole, et bientôt elle entra en agonie. A ce moment suprême ses yeux se portaient tantôt vers ses mères pour leur adresser, dirai-je un adieu ou un signe d'espérance? tantôt vers l'image de Marie, qui, du haut du ciel, tendait les bras à son enfant. Enfin la mort s'approcha doucement, et les anges reçurent cette jeune âme qui allait chanter avec eux les louanges de leur reine, et aimer éternellement ce qu'elle avait uniquement aimé sur la terre.

NATALIE DE LA MARCHE.

Morte en 1826

Natalie de La Marche se distingua au pensionnat par une conduite parfaite et surtout par une foi vive, qui lui faisait mépriser tous les frivoles avantages dont la jeunesse est si facilement éblouie. La

naissance, la fortune, les grâces de la
figure, ces dons enviés par tant d'autres,
n'inspiraient à Natalie qu'une sainte
frayeur; et, redoutant sans cesse l'abus
qu'elle pouvait en faire comme le compte
qu'elle devait en rendre, elle priait Dieu
de la retirer du monde s'il le fallait pour
la sauver de ses dangers. Une première
communion faite avec la plus grande ferveur, le 17 avril 1825, lui mérita des
grâces abondantes, et ses progrès dans la
piété furent si rapides qu'en peu de temps
elle obtint et le ruban et la médaille d'enfant de Marie. Quelques mois s'écoulè-
rent, et celui d'avril ramena le jour anni-
versaire de sa première communion, et à
la même table elle reçut le même pain des

anges. La fraîcheur et l'éclat de la jeunesse brillaient encore sur ses traits ; mais déjà un ver avait piqué cette fleur, et le soir Natalie tomba malade d'une fièvre cérébrale contre laquelle tout fut inutile, et les ressources que la nature trouve en elle-même, et celles que l'art peut y joindre, et les soins les plus tendres, et les prières même, car Dieu voulait donner à son enfant une éternité et non pas quelques jours ! Natalie dans son délire s'écriait sans cesse : « Le ciel ! le ciel ! Oh ! que le ciel est beau ! » Marie l'y appela le cinquième jour du mois consacré à sa gloire, et les élèves du Sacré-Cœur eurent une protectrice de plus au pied du trône de leur divine mère.

6

ANATOLIE HERSART

Morte en 1832.

Anatolie Hersart fut longtemps l'édi-
fication de ses compagnes et de toute la
communauté, par une vertu dont les deux
principaux traits étaient ceux-là mêmes
que Jésus-Christ nous a découverts dans

son propre cœur : la douceur et l'humilité.
Admise dans la congrégation de la sainte
Vierge, elle devint l'âme des assemblées
et de tous les autres pieux exercices en
usage parmi les enfants de Marie. Sa ferveur était égale autant qu'ardente; il n'y
avait pour elle ni temps de relâchement,
ni même jours d'oubli : le souvenir de la
présence de Dieu, devenu habituel à son
âme, y entretenait une fidélité constante
à tous les mouvements de la grâce. Quelque chose d'angélique semblait répandu
sur sa physionomie; et la douceur de ses
paroles et de ses manières était un attrait
irrésistible qui gagnait à la piété le cœur
de ses jeunes compagnes.

Une longue et terrible maladie fit briller d'un éclat plus vif toutes les vertus d'une âme dont la terre n'était pas digne. Étonnés à la vue de tant de courage et de joie céleste, les médecins qui soi-gnaient Anatolie ne pouvaient retenir ni leurs expressions de vénération, ni leurs larmes d'attendrissement, et après sa mort ils demandèrent avec instance quel-ques-uns des petits objets qui avaient été à son usage. Ce fut le 15 avril 1832 qu'une mort précieuse aux yeux du Seigneur ter-mina une vie de dix-neuf ans, qui s'était tout entière écoulée dans l'innocence, et dont les souvenirs restent encore gravés dans tous nos cœurs avec ces paroles de l'Écriture : *Moriatur anima mea morte justorum !*

ROSINE DE LA CHAPELLE

Morte en 1835.

—⋘⋙—

Parmi ces doux et pieux souvenirs d'élèves du Sacré-Cœur qui ont édifié la maison par leurs vertus déjà mûres pour le ciel, qu'il nous soit permis de rappeler celui d'une enfant dont la fin

touchante nous montra une fois de plus
ce que la grâce reçue avec fidélité peut
faire en quelques jours.

Rosine avait quatorze ans, et cependant elle n'avait pas encore été admise à
la table sainte. Extrêmement légère et
un peu vaine des avantages extérieurs
dont elle avait été comblée, elle s'était
fait renvoyer deux fois de la classe des
premières communiantes, et deux fois
elle avait pleuré amèrement son bonheur
différé, sans néanmoins corriger ses défauts. Peu de jours avant Noël elle s'était
encore laissée aller à sa dissipation ordinaire; et comme, tout en faisant des
fautes, elle montrait des sentiments de
foi et de piété naïve qu'appréciaient ses

maîtresses, on crut ne pas pouvoir lui imposer de pénitence plus sensible que la privation de la messe de minuit. A cet arrêt, Rosine consternée vint, tout en larmes, auprès de la supérieure, demander, non qu'on lui pardonnât, mais qu'on voulût bien la punir d'une autre manière. Elle obtint sa grâce, et pria devant la crèche avec une ferveur qui la prépara sans doute aux grâces que Dieu lui réservait à ses derniers instants.

Le 6 janvier suivant, cette enfant, dont la fraîcheur était si brillante, fut prise de la fièvre, et une maladie grave se déclara sous d'équivoques symptômes, qui longtemps écartèrent l'idée d'un danger pressant. Le docteur C*** prescrivit, avec la diète, une saignée, des applications de sangsues et différents remèdes. **Toutes** ces ordonnances, et surtout celle de la saignée et des sangsues, effrayèrent Rosine, qui était extrêmement enfant pour son âge, et de plus enfant gâtée par les plus tendres parents. Mais ils lui avaient inspiré dès le berceau des sentiments de piété qui s'étaient fortifiés au Sacré-Cœur, et sa foi lui faisait vivement regretter de n'avoir pas encore fait sa première communion. Au moment où elle exprimait avec plus de force sa répugnance pour les remèdes prescrits, la maîtresse de santé lui insinua que la patience dans ses douleurs et l'obéissance aux décisions du médecin pourraient lui

mériter la grâce de s'unir à Jésus-Christ.
Cette pensée descendit comme un trait
de feu dans ce jeune cœur, qui dès cet
instant n'eut plus qu'un désir, celui de
communier bientôt. Pas un cri, pas une
plainte lorsqu'il fallut présenter son bras
à la lancette ou souffrir l'application des
sangsues, dont elle avait horreur : « C'est
pour faire bientôt ma première communion que je veux tout souffrir, » disait-
elle avec sa candeur si naïve et si gra-
cieuse ; et quand elle suppliait son
médecin de lui permettre quelques ali-
ments, et que, tout ému de son accent
déchirant, il le lui refusait néanmoins
craignant de voir redoubler la fièvre, elle
tournait un regard expressif vers la maî-

tresse de santé et répétait à demi-voix :
« Encore cela pour ma première communion. » Avec quelle ferveur s'unissait-
elle aux courtes prières que l'on récitait
auprès de son lit! et quelles paroles em-
preintes d'une piété touchante n'adres-
sait-elle pas à son digne père, à sa tendre
mère, qui, cachant des alarmes qu'elle ne
concevait pas, passaient auprès d'elle les
jours et une partie des nuits!

Enfin, le danger s'annonçant d'une
manière effrayante, le confesseur de Rosine, qui déjà l'avait entretenue plusieurs
fois, lui annonça qu'il allait lui apporter
la sainte communion, à laquelle ses souffrances et ses désirs l'avaient si bien
disposée. A cette nouvelle, Rosine, qui

jouissait encore de toutes ses facultés, fut saisie d'une telle joie qu'elle en parut hors d'elle-même. Appelant à grands cris Mme G***, qui la soignait : « Écoutez, Madame, écoutez ! s'écria-t-elle, quel bonheur ! je vais faire ma première communion ! C'est vrai, mon Dieu ! c'est bien vrai ! M. J*** est allé chercher notre Seigneur ! » On commença à faire tout haut les actes préparatoires ; elle les interrompait par des élans d'amour et appelait le Dieu qui lui répondait en l'inondant de joie. Lorsque M. l'abbé J*** arriva, portant la sainte hostie, ce furent de nouveaux transports ; enfin elle reçut ce Dieu qui aime les enfants, et une minute après, ne pouvant contenir l'excès de son

bonheur, elle s'écria : « Que je suis heureuse! » Puis elle resta dans le silence,
jouissant de celui qui a des paroles intérieures pour l'enfant qui ne sait rien encore, comme pour le vieillard qui a tout
connu dans le monde. Son cri de joie avait
été si expressif que toutes les personnes
présentes fondirent en larmes; M. J***,
ne pouvant continuer les oraisons, fut
obligé de prendre quelques minutes pour
commander à son émotion; mais le père
désolé, qui était là immobile et anéanti,
éclata en sanglots douloureux. A ces
accents qui la rappelaient sur la terre,
Rosine ouvrit les yeux; sa figure d'ange
était rayonnante: « Papa, dit-elle, pourquoi pleures—tu quand je suis si heu-

reuse ? » et son père, suffoqué par la
douleur, ne pouvant retrouver ni force
ni voix, elle s'adressa à la maîtresse de
santé : « Madame, pourquoi papa pleure-
t-il? » Tout entière à la pensée de sa
première communion, la pauvre enfant
n'avait jamais conçu la moindre alarme
pour sa vie, et en ce moment elle était
presque au ciel. « Oh! je t'en conjure,
papa, reprit-elle, ne pleure pas! La vue
de tes larmes trouble ma joie; puis-je
être heureuse quand tu es affligé? » Le
malheureux père s'efforçait de cacher sa
mortelle douleur et de sourire à sa fille;
on dit alors à Rosine que les parents versaient toujours des larmes en voyant
leurs enfants communier pour la pre-

mière fois. « Ah ! si c'est de joie que papa
pleure, à la bonne heure ! » répondit-elle
naïvement.

Peu de temps après cette première et
dernière communion, Rosine tomba dans
un assoupissement entrecoupé par des
moments de délire, et ne recouvra plus
l'usage de ses facultés intellectuelles. Ses
dernières pensées, ses derniers sentiments avaient été pour Dieu et pour ses
parents chéris ; la grâce que Jésus-Christ
avait déposée dans son cœur y resta tout
entière, comme la pure liqueur dans le
vase qu'on scelle dès qu'il a été rempli.
Cependant on rappelait momentanément
Rosine de sa léthargie ou des divagations
causées par la fièvre, chaque fois qu'on

lui suggérait une aspiration ou qu'on
faisait arriver à son oreille mourante les
doux noms de Jésus et de Marie. Souvent
même son cœur veillait quand son esprit
n'exerçait plus ses fonctions; elle répétait
ses prières, s'adressait à Marie, demandait la patience par son intercession, et
retombait épuisée dans le sommeil d'où
nul autre souvenir ne tirait ses facultés.
Enfin se montrèrent les signes avant-
coureurs d'une fin prochaine : cette enfant, si pleine de vivacité et de grâces
quelques semaines auparavant, était immobile sur son lit de mort, ne donnant
plus aucun signe de vie que par la pénible respiration qui soulevait encore sa
poitrine : le médecin avait prononcé son

dernier arrêt. A genoux près de son chevet, la maîtresse de santé prononçait lentement les actes de foi, d'espérance, de charité et quelques aspirations ; à celle-ci : « Cœur sacré de Jésus, cœur immaculé de Marie, » Rosine, qui s'était tant de fois réveillée à ces douces paroles, murmura encore de ses lèvres glacées : « Je vous donne mon cœur ! » On s'empressa d'avertir son confesseur, qui lui adressa quelques paroles, et la prévint qu'il allait lui donner l'extrême-onction. La pauvre enfant ne comprit rien à ces paroles, mais ses yeux mourants voyant le dépositaire vénéré de sa conscience, un petit autel dressé devant son lit, des cierges allumés, elle crut

qu'on lui apportait la sainte communion,
et sembla un instant revenir à la vie pour
goûter une fois encore les joies du ciel
sur la terre. A tout ce qu'on lui disait,
elle répondait : « Je vais recevoir notre
Seigneur ; que je suis heureuse ! »
M. J*** ne crut pas devoir lui donner
une seconde fois le saint viatique dans
un état où visiblement ses facultés
étaient à demi troublées par la fièvre,
mais il pria celle des religieuses dont la
voix était mieux connue de la jeune mourante, de faire tout haut la communion
spirituelle. Rosine en suivit les actes,
ce qui acheva sa pieuse et touchante illu-
sion ; et lorsque l'huile sainte vint mar-
quer ses lèvres, elle les entr'ouvrit comme

pour communier, et ne sentant pas l'hostie, elle s'écria douloureusement : « Où
donc est notre Seigneur ? » On lui
répondit qu'il était dans son cœur; elle
se recueillit pour l'adorer, et un instant
après elle retomba dans un assoupissement, dont elle ne sortit que pour se
trouver aux pieds de celui qui avait entendu les derniers soupirs de son cœur.
C'était le 25 février 1835. Son père et sa
mère lui fermèrent ensemble les yeux,
et restèrent longtemps à pleurer près de
ces restes dans lesquels leur foi découvrait le tabernacle consacré par deux
onctions saintes, où avait reposé l'Agneau
sans tache, et qui devait être un jour revêtu d'immortalité. Les consolations que

cherchèrent ces parents si douloureusement éprouvés, furent aussi chrétiennes
que leur douleur : non contents de multiplier les prières et les aumônes pour
l'âme de leur bien-aimée Rosine, ils
voulurent qu'une autre enfant jouît
à sa place des grâces d'une éducation
religieuse, et placèrent une orpheline
dans la maison établie à Conflans en
faveur des jeunes filles à qui le choléra
avait enlevé un père ou une mère. Ainsi
se consolent au pied de la croix ceux qui
ont entendu la parole de l'Apôtre : « *Non
contristamini sicut et cœteri qui spem non
habent* » (1).

(1) Ne vous affligez pas comme les autres qui
n'ont point d'espérance.

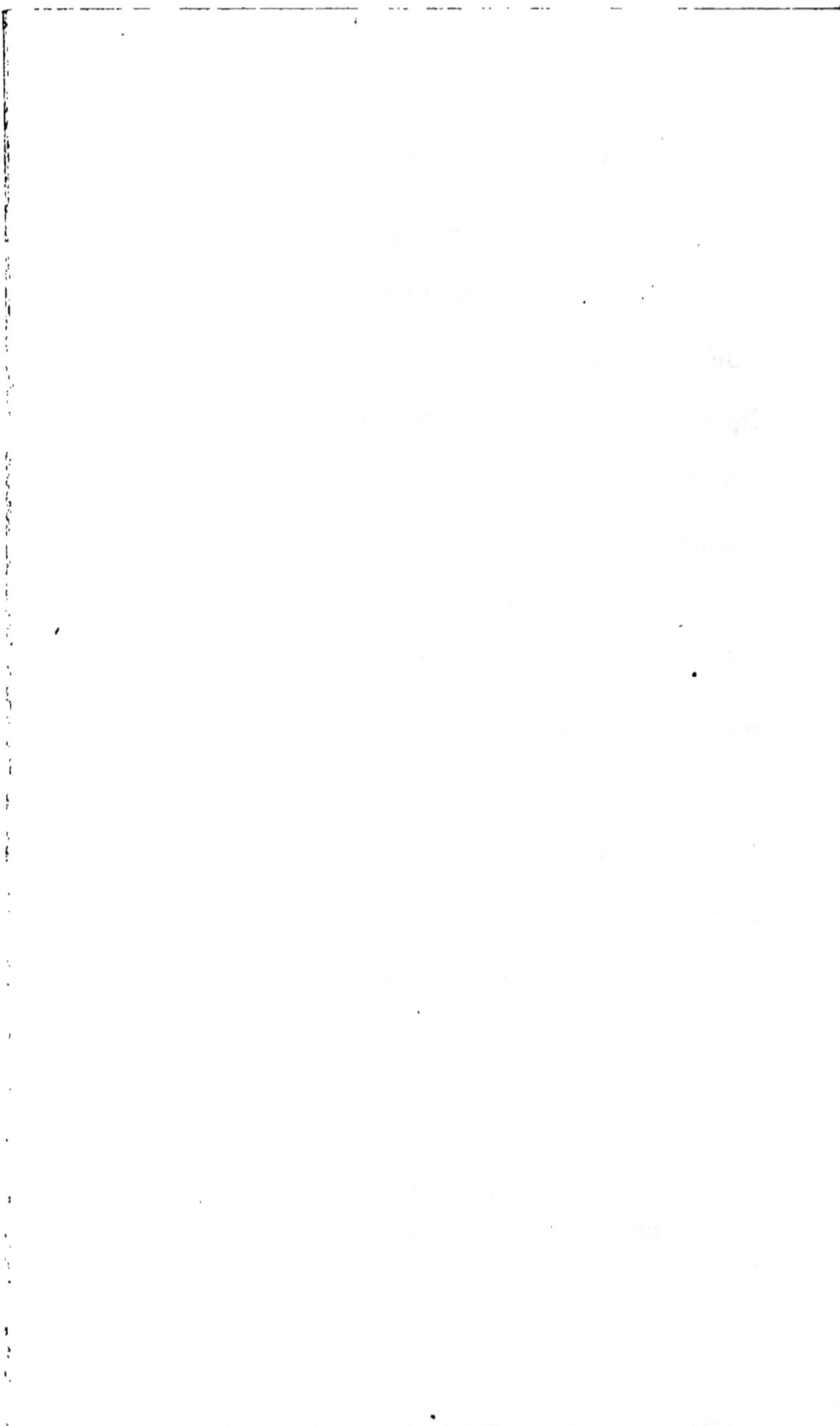

ANGÉLINA S***

Morte le 9 novembre 1839.

—◦◦—

Angélina S*** naquit aux environs de
Paris, en 1823, de parents étrangers,
momentanément domiciliés en France.
Le père, Anglais et protestant, retourna
peu après dans sa patrie, emmenant

avec lui sa fille. A l'âge de trois ou
quatre ans il la présenta au baptême,
qu'elle reçut d'un ministre avec plusieurs autres enfants, dans un salon
et par aspersion. En rappelant à sa mémoire toutes ces circonstances, elle se
tenait assurée, disait-elle, de n'avoir pas
même été touchée par une seule goutte
d'eau.

Angélina, jusque alors entourée d'ai-
sance et de soins recherchés, revint en
France avec son père vers 1828. Elle se
trouvait à Paris dans un hôtel où ils oc-
cupaient un appartement, lorsqu'une
apoplexie foudroyante enleva M. S***,
dont les affaires venaient de se déranger
complétement. Sa fille, protégée par des

personnes charitables, fut placée dans
une maison d'éducation, où sa mère dé-
sira qu'on l'instruisit dans la religion
catholique. Mais la pension convenue
n'étant pas payée, on refusa de garder
Angélina dans cette maison, et alors
Mme S***, par l'entremise de M. l'abbé
S***, obtint une place au Sacré-Cœur
pour cette enfant, âgée de treize ans, et
qui déjà avait connu tant de vicissitudes
de fortune. Aussitôt après, Mme S***
retourna en Espagne.

Angélina portait sur ses traits une
expression de froideur que ne démen-
taient ni ses manières ni ses paroles.
Sans manquer de facilité pour les études, elle y réussissait médiocrement,

c'est-à-dire en proportion de sa bonne volonté. L'intelligence et surtout le cœur étaient en elle comme paralysés par l'amour-propre, dont la souffrance intérieure s'aigrissait de tout, et des attentions même par lesquelles on cherchait à lui faire oublier ses malheurs. A l'époque de la nouvelle année, la maîtresse générale, ne voulant pas que la pauvre enfant restât seule sans joie au milieu de compagnes comblées de caresses et de présents, lui donna un objet qui devait lui être agréable. Angélina n'osa refuser ; mais sa rougeur, son silence et une tristesse plus sombre répandue sur sa figure montrèrent à l'instant qu'en croyant verser quelque baume sur son

cœur on n'avait fait qu'y enfoncer le
trait dont il était blessé.

Après trois mois d'instruction, cette
enfant, à qui la Providence n'avait enlevé son père et sa fortune que pour lui
rendre, au sein de la véritable Église,
des mères selon la grâce et des biens
que ni les hommes ni les événements ne
peuvent ravir, cette enfant, qui était
devenue celle du Sacré-Cœur, reçut le
baptême *sous condition*, le 24 décembre
1836, et le lendemain fut admise à la
table sainte. Ses dispositions étaient
bonnes; elle avait combattu son orgueil;
toutefois il n'était pas vaincu, et la
grâce, à l'étroit, pour ainsi dire, dans un
cœur serré par d'imaginaires humilia-

tions, ne pouvait achever son ouvrage.

Angélina, il faut le dire, n'avait pas une

de ces âmes qui acceptent sans peine les

bienfaits, parce qu'elles se sentent assez

de reconnaissance pour pouvoir les

payer : elle ployait sous ce fardeau, et

ne savait pas même confier à Dieu sa fai-

blesse et ses peines.

Deux années se passèrent ainsi :

l'amour de l'étude avait succédé à l'inap-

plication ; mais sous les autres rapports

le caractère d'Angélina était resté le

même. Chose étrange ! Celui des com-

mandements qui est à la fois le plus

grand et le plus doux, était le plus pé-

nible pour cette âme froide et en appa-

rence inaccessible à tout autre senti-

ment que sa douleur orgueilleuse. Les
exercices journaliers de piété, les instructions solides et frappantes, les fêtes
de l'Eglise, si pompeuses et si touchantes, l'exemple de ses jeunes compagnes
trouvant aux pieds de Jésus et de Marie
d'ineffables consolations, rien ne la tirait
de son indifférence. Prier était pour elle
un ennui; s'approcher des sacrements
un supplice, parce qu'il fallait combattre, au moins quelques jours, ses dé-
goûts pour les exercices religieux. Ses
maîtresses se demandaient avec anxiété
ce que deviendrait cette pauvre âme,
lancée dans le monde sans appui, après
avoir abusé de tant de grâces reçues au
Sacré-Cœur: mais Dieu avait sur cette

orpheline des vues de miséricorde, et ce n'était pas pour l'exposer de nouveau à la fureur des loups qu'il avait apporté dans son bercail la brebis abandonnée.

Au mois de décembre 1838, Angélina et plusieurs de ses compagnes furent atteintes de la rougeole, et reçurent ensemble les mêmes soins; mais tandis que les autres exprimaient une reconnaissance affectueuse à leurs maîtresses et aux sœurs infirmières, elle conservait sa maussaderie habituelle, et la poussa même si loin, que la maîtresse générale dut lui en faire des reproches lorsqu'elle fut convalescente. La pauvre enfant ne jouit pas longtemps de la santé et du

plaisir de reprendre ses études interrompues : une toux violente fit craindre
pour sa poitrine, et elle remonta à l'infirmerie quelques jours après en être
descendue.

A cette époque deux frères restaient à
Angélina; le cadet, âgé de dix-huit à
vingt ans, était celui qu'elle préférait, et
ce jeune homme doux, modeste, dévoué
à sa famille, méritait l'affection et la
confiance de sa sœur, dont il se promet-
tait d'être un jour l'appui. Il venait d'entrer dans l'armée belge, quand il fut atteint d'une maladie de poitrine, et en
même temps qu'Angélina entrait à l'infirmerie une seconde fois, il était con-
duit dans un hôpital. Ainsi le frère et la

sœur, tous deux frappés du même mal, tous deux pauvres et orphelins, étaient reçus dans les bras de la charité, et le Seigneur allait se révéler à eux dans son amour, comme le père de ceux qui n'ont plus de famille : *Pater meus et mater mea dereliquerunt me; Dominus autem assumpsit me* (1). Des dames belges d'un rang élevé visitaient l'hôpital, et portaient de lit en lit des consolations et des secours; frappées de l'extrême douceur et des manières polies du jeune S***, elles s'intéressèrent à lui, et apprenant qu'il était né dans une condition honorable et autrefois heureuse, elles sollicitèrent la

(1) Mon père et ma mère m'ont abandonné; mais le Seigneur m'a pris avec lui.

permission de le faire soigner à leurs frais dans une maison particulière. Là, tout en lui prodiguant les soins qui adoucissent les douleurs du corps, on y joignit les paroles qui guérissent l'âme, et le malade fut amené par la charité à la foi, qui en est le principe. Il reçut les sacrements de l'Eglise, et de son lit de mort il écrivit à sa sœur une lettre où sa tendresse fraternelle s'épanchait de la manière la plus touchante, avec sa joie et sa reconnaissance envers Dieu et envers les âmes pieuses qui l'avaient éclairé. Retardée par diverses circonstances, cette lettre ne parvint point à Angélina ; mais Dieu avait entendu le cœur du frère, et il mettait dans celui

7*

de la sœur des sentiments qu'elle n'avait pas encore connus. Passant de longues journées à l'infirmerie, elle y faisait avec dégoût, mais avec exactitude, certaines prières, certaines lectures de piété, et ses manières semblaient devenir un peu plus affectueuses. Le désir de sa guérison, si naturel à son âge, lui inspira celui de se vouer aux couleurs de la sainte Vierge : on lui fit sentir qu'à cet acte extérieur il fallait joindre la piété, la patience et l'abandon à la volonté de Dieu, qui seul connaît ce qu'il y a de meilleur à notre âme. « Je sais que dans ma position, répondait-elle froidement, il vaudrait mieux mourir; cependant je désire vivre. » Elle se disposa à commu-

nier avec une ferveur extraordinaire
pour elle, et prit la robe bleue et blanche,
qui était la marque de sa consécration à
Marie. A partir de ce moment il y eut
un mieux sensible, non dans sa santé,
qui dépérissait de jour en jour, mais
dans ses dispositions intérieures, qui se
modifiaient comme à vue d'œil sous la
main toute-puissante de la grâce. Cette
âme si froide et si concentrée en elle-
même s'ouvrait peu à peu, et se laissait
pénétrer de l'huile mystérieuse que Dieu
y versait doucement dans la prière. Ce
n'étaient pas encore des consolations,
mais c'était de la résignation et de la
reconnaissance. Et quand nous parlons
de résignation, c'est qu'il en fallait une

surnaturelle à la pauvre enfant, déjà
accablée par sa faiblesse et ses douleurs,
pour supporter l'abandon si cruel où, du
moins en apparence, la laissaient des
personnes qu'elle aimait toujours. Ses
lettres obtenaient·tout au plus, et à de
longs intervalles, une froide réponse, qui
lui faisait verser des torrents de larmes.

Enfin vers le mois de septembre elle
s'affaiblit tellement qu'il lui devint impossible de descendre à la chapelle. On
lui parla de se confesser et de recevoir la
sainte communion à l'infirmerie; mais
elle refusa avec une sorte d'effroi cette
proposition, sous laquelle se montrait pour
la première fois à son imagination l'idée
d'un danger imminent. « Je me confes-

serai quand je serai mieux, » disait-elle.
Il fallait bien l'élever au-dessus de ces
faiblesses de la nature, l'éclairer même,
car le moment approchait à grands pas,
et les dispositions de la malade étaient
encore imparfaites. « Et si Dieu voulait
que vous n'allassiez pas mieux, ma pauvre Angélina? » reprit une de ses maîtresses en qui elle avait pris depuis quelque temps une grande confiance. A ces
mots, Angélina fixe ses yeux si pleins
d'expression sur celle qui lui parlait, et
cherchant à lire sur ses traits sa pensée
tout entière: « Dites-moi la vérité, reprit-
elle, je veux la savoir, et je me sens la
force de la supporter, quelle qu'elle
soit. — Eh bien, mon enfant! je ne vous

le cacherai pas : si les nouveaux remèdes n'ont pas de succès, on pourra craindre.
— On pourra craindre ! Dites plutôt qu'on est sûr.... Et combien ai-je encore à vivre? un mois peut-être? Vous ne répondez pas? Je comprends tout! » Et se jetant dans les bras de la maîtresse de santé : « Ah! dit-elle, vous êtes véritablement mon amie, et vous m'avez rendu le plus grand des services. » Pour cette âme forte, et que Dieu se préparait à combler de grâces si puissantes, il n'y eut dès lors ni faiblesse ni retour: elle s'éleva au-dessus d'elle-même et resta attachée à la pensée de l'éternité. Déjà revêtue des livrées de la sainte Vierge, elle sollicita une nouvelle faveur, celle

d'être admise au nombre des enfants de Marie; et l'ayant obtenue, elle manifesta une joie vraiment attendrissante. Ses communions devinrent fréquentes ; chaque dimanche, elle recevait le pain de vie, et cette divine nourriture éveillant dans son âme la faim des choses spirituelles, elle priait et lisait ses livres de piété avec un goût nouveau pour elle, qui adoucissait toutes ses souffrances. Sa fidélité ne se démentait en aucune circonstance : pas un murmure, pas une plainte, et bientôt même, pas une demande pour se procurer un soulagement. Elle voulait souffrir, afin d'expier ses péchés; et si quelquefois cette espérance, qui n'abandonne jamais la jeunesse dans sa lutte contre la mort, venait lui présenter son rétablissement comme possible, elle ne formait d'autre projet que celui de réparer par une vie fervente les exemples peu édifiants qu'elle avait donnés à ses compagnes.

On sait quelles douleurs et quelles défaillances plus pénibles encore amène une maladie de poitrine : aucune ne fut épargnée à Angélina. Son lit était une croix où elle souffrait avec Jésus-Christ ; mais, résignée à toutes les souffrances du corps, il lui restait à consommer intérieurement un sacrifice qui, cent fois offert, se représentait toujours à son cœur depuis si longtemps nourri d'amertume. Sa mère ne venait pas recevoir

son dernier soupir ! son frère ne voulait pas la voir ! Quels que fussent les
motifs de cette conduite, Angélina, qui
les ignorait, en avait l'âme déchirée, et
ce ne fut que trois semaines avant sa
mort que, par un effort de résignation
héroïque, elle accepta cette peine de manière à n'en être plus troublée. Elle écrivit
à sa mère une lettre d'adieux, et en dicta
une pour son frère, qu'elle suppliait de
la manière la plus touchante de venir la
voir une dernière fois, ajoutant que, s'il
persistait dans son refus, elle lui par-
donnait en sœur et en chrétienne. Puis
elle le conjurait de penser à son âme et
de chercher la vérité, qu'il trouverait au
sein de l'Eglise catholique. Cette lettre

était un chef-d'œuvre. Jusqu'au dernier jour, jusqu'au dernier moment, Angélina attendit une réponse!....

Mais à mesure que cette âme rompait tous ses liens terrestres, Dieu la comblait de grâces plus fortes et plus sensibles. Sa confiance, appuyée sur les mérites de Jésus-Christ, avait banni la crainte; elle ne s'occupait du purgatoire que pour s'efforcer de le faire dans ce monde; mais en l'autre elle ne voyait que le sein de la miséricorde où elle allait s'abîmer. « J'ai tant souffert sur la terre, disait-elle à une de ses maîtresses, que Dieu m'en tiendra compte. » On lui répondit qu'il ne fallait mettre sa confiance que dans les mérites de Jésus-Christ. « Oh! je le sais bien, répondit-elle ; mais des souffrances qu'on unit aux siennes ne sont-elles pas une marque de son amour ? » Elle ajouta avec une simplicité que Dieu lui avait enseignée depuis peu de temps : « Que je serai étonnée au ciel de n'avoir plus rien à souffrir ! Il me faudra du temps pour m'accoutumer au bonheur. »

Deux ou trois jours avant le 1er novembre, elle dit à la maîtresse générale : « Ne serai-je pas au ciel pour la fête de tous les saints ? — Je ne crois pas, répondit la religieuse. Votre maladie n'est pas encore à son dernier période. » A ces mots Angélina se mit à pleurer. « Au moins, dit-elle, vous me préviendrez quand je serai à ma dernière journée. »

Chaque jour elle renouvelait cette demande avec un calme qui ressemblait
quelquefois à une douce gaieté. Elle
voulut voir en particulier une amie dont
elle se reprochait d'avoir en quelques
circonstances refroidi la piété. Cette
jeune personne, que distinguaient sa figure et ses talents, vint se jeter à genoux
près de la mourante, et reçut des con-
seils qu'elle n'oubliera jamais.

Le 6 novembre, Angélina pria la sœur
infirmière de la revêtir après sa mort de
sa robe bleue et blanche et de placer sur
son cœur une image à laquelle s'attachait
pour elle un doux souvenir, celui de bien
des grâces obtenues dans la prière. « Ai-je
encore trois jours à vivre? répétait-elle à

la maîtresse générale. Oh! dites-moi que
non! — Mon enfant, Dieu seul le sait.
Mais tenez votre lampe allumée, peut-être
il vous appellera bientôt. — Quel bonheur! » Et une joie céleste animait ses
traits où déjà se peignait la mort. Enfin
le 9 novembre, à la question ordinaire,
il fut répondu : « Ce sera probablement
aujourd'hui, » et Angélina exprima encore son ravissement de cette nouvelle.
Sur les neuf heures elle entra en agonie.
Une de ses maîtresses qu'elle aimait
beaucoup s'étant approchée d'elle : « Ah!
ma bonne mère, s'écria-t-elle, vous voilà!
quel bonheur! Je suis à l'agonie et je
pensais à vous. Ne me quittez plus. »
Toute cette journée fut affreuse; conser-

vant la connaissance et la parole, Angélina buvait goutte à goutte le calice de l'agonie; mais toujours fidèle, et de plus en plus pénétrée du désir de souffrir et de mourir avec Jésus-Christ, elle offrait à ce divin Sauveur les angoisses qu'elle supportait sans plainte. Si elle ne parlait pas, ses grands yeux noirs se levaient vers le crucifix, et on y lisait ces mots : « Encore plus, Seigneur, encore plus! » A six heures et demie du soir son confesseur lui donna une dernière absolution et récita les prières des agonisants; trois quarts d'heure après, la maîtresse générale prit la main déjà glacée que la mourante lui tendait en souriant. « Mon enfant, lui dit-elle, voici le Dieu de votre

cœur qui s'approche; vous allez être devant lui; faites encore un acte d'amour. »
Angélina lui serra la main, et sourit en regardant son crucifix. Ses yeux se fermèrent alors, elle perdit connaissance, et moins de cinq minutes après son âme purifiée par le sang de Jésus-Christ alla paraître devant ce Sauveur en qui elle avait mis sa confiance. *In te speravi, non confundar* (1)!

(1) J'ai espéré en vous, je ne serai pas confondu.

YOLANDE D'***

Morte en 1840.

—◦—

Si la résignation chrétienne a quelque
chose de si touchant lorsqu'elle soutient
une jeune personne au milieu des douleurs, la détache de ce que la vie a de plus
doux, l'avenir de plus brillant, et la fait

8

sourire à la mort; qu'elle est à la fois attendrissante et sublime lorsqu'elle donne à
une mère la force d'offrir au Seigneur une
vie mille fois plus chère que la sienne !

Dieu nous a fait la grâce de connaître
une telle mère; nous l'avons vue auprès
d'une fille mourante, préparant elle-
même le sacrifice en héritière d'Abra-
ham, et restant debout vis-à-vis du lit
funèbre pour prononcer ces paroles de
Job : « Que le nom du Seigneur soit
béni. » Qu'il nous soit permis de recueillir ces souvenirs qui peut-être aide-
ront quelque mère affligée à porter au
pied de la croix ces douleurs inexpri-
mables que Jésus mourant a vues dans
le cœur de Marie.

Yolande entra, en 1838, au pensionnat où sa sœur Sidonie avait laissé des souvenirs qui devaient assurer à la nouvelle élève un accueil, et d'avance un intérêt plus tendre. En effet, un caractère qui unissait à l'élévation une parfaite délicatesse de sentiments, d'heureuses dispositions pour tous les genres d'études, et une piété qui avait lutté victorieusement contre l'imagination la plus ardente, toutes ces qualités avaient fait compter Sidonie entre les meilleures élèves du Sacré-Cœur. A dix-huit ans elle était rentrée dans sa famille pour consoler un père et une mère désolés, à qui le Seigneur avait déjà redemandé une fille, modèle de ses jeunes sœurs. Sidonie

avait conçu le projet de se consacrer à
Dieu ; mais elle devait attendre qu'Yolande vînt la remplacer auprès de leurs
parents ; et avant l'époque fixée, l'une et
l'autre sont allées rejoindre leur sœur
Louise parmi ces chœurs de jeunes
vierges qui jettent des lis devant l'A-
gneau et devant Marie.

Yolande avait quatorze ans lorsqu'elle
fut placée au pensionnat. Élevée dans la
piété par ses nobles parents qui en rem-
plissaient tous les devoirs, elle portait
sur son front l'empreinte de l'innocence ;
douce, timide, peu communicative, elle
cachait sous un voile difficile à soulever
la sensibilité de son cœur, la vivacité de
son imagination, et jusqu'aux sentiments

que ses maîtresses eussent été le plus
heureuses d'encourager. De fréquents
maux de tête rendaient son travail lent
et pénible; la plume et les livres échappaient souvent de sa main; mais il n'en
était pas de même des crayons et des
pinceaux. Elle avait reçu de la nature
un talent qu'elle cultivait avec soin, et
ses dessins étaient déjà très-remarqua-
bles quand elle vint à Paris. Non-seulement elle reproduisait avec perfection
les modèles que lui donnait son maître,
mais elle saisissait avec autant de rapi-
dité que d'exactitude ceux que lui offrait
la nature. Quelques coups de crayon
fixaient sur sa feuille une ressemblance;
il lui suffisait même de ciseaux, et ses

découpures faites en s'amusant étaient de charmants portraits. Ses compagnes admiraient son talent, d'autant plus volontiers que la modeste Yolande semblait l'ignorer elle-même.

Mais ne nous arrêtons pas davantage à ce que la mort a détruit : ce que nous cherchons à recueillir, ce sont les souvenirs inscrits dans le livre de vie. La charité d'Yolande allait jusqu'à la sainte profusion qu'autorisait la fortune de ses parents et leurs intentions bien connues de leur fille chérie. Toujours la première à donner aux quêtes qui se font dans le pensionnat, elle apportait encore à la maîtresse générale de secrètes offrandes pour les membres souffrants de Jésus-

Christ, et l'aumône, nous en avons été témoin, fut le dernier plaisir qui charma ses douleurs sur le lit de mort. Elle priait avec le plus profond recueillement, et s'approchait régulièrement tous les quinze jours de la sainte table, surmontant par obéissance les scrupules qui alarmaient son âme timide à l'excès. Elle fut admise, après les épreuves ordinaires, dans la congrégation des saints Anges, et soupira dès lors pour l'être dans celle de la sainte Vierge; mais on exigeait de nouveaux efforts; on voulait qu'elle vainquît son embarras, qu'elle ouvrît avec plus d'abandon ce cœur qui n'avait rien à cacher, et qu'avec ses jeunes compagnes elle montrât enfin cette gaieté nécessaire à son bien - être physique et moral.

Cependant la santé de Sidonie, si brillante jusqu'à sa vingtième année, avait subi tout à coup une inexplicable altération : la comtesse d'***, alarmée, prodiguait ses soins à sa fille, sans en consacrer moins à son époux, atteint lui-même d'une grave maladie. Tandis que cette femme forte se partageait ainsi entre ces deux objets de sa tendresse, et suffisait à peine à sa double et si douloureuse tâche, elle apprend qu'Yolande est tombée malade, et peu de jours après que le danger est imminent. Il fallait courir là où il semblait que la mort se hâtait davantage : Mme d'***

s'arracha à son époux, à sa fille qu'elle
ne devait plus revoir, hélas! et arriva
près d'Yolande, déjà épuisée de douleurs
et de veilles, mais trouvant assez de
force dans son cœur de mère pour soigner encore une fille mourante, et dans
sa foi pour la préparer elle-même au
dernier sacrifice.

La maladie se prolongeait, et Yolande
se montrait constamment paisible, résignée, douce envers les souffrances et la
mort, enfin tout occupée de pieuses
pensées. Mgr l'évêque d'Alger, visitant
l'infirmerie, lui donna sa bénédiction, et
voulut qu'elle gardât trois jours l'anneau
épiscopal d'ivoire qui, de la main véné-
rée de saint François de Sales, a passé à

celle du successeur de saint Augustin.
Une autre consolation fut accordée à la
douce et pieuse Yolande: le 3 mai, rece-
vant la sainte communion, comme elle
l'avait déjà fait plusieurs fois, elle fut
admise au nombre des enfants privilégiées de Marie. Selon ses désirs, on avait
dressé dans l'infirmerie un autel paré de
roses blanches; la comtesse d'*** y avait
déposé de riches flambeaux; les enfants
de Marie l'entouraient tenant des cierges
allumés, et la maîtresse générale, au
nom de la jeune malade, prononça l'acte
de consécration. La mère d'Yolande était
là; fondant en larmes, mais soumise à
la volonté du Seigneur, elle remettait sa
fille à une autre mère qui l'appelait au

ciel. Et cette fille bien-aimée, à qui sa
mère cachait sa douleur, se laissait aller
aux transports de la joie la plus douce,
et pour la première fois peut-être épanchait au dehors tous les pieux sentiments
de son cœur.

Le Seigneur est infini dans ses miséricordes, et que de fois il les a fait admirer
sur les pécheurs! mais les bénédictions
de sa douceur sont merveilleuses sur les
âmes innocentes. Il serre entre ses bras
l'enfant prodigue; mais le disciple fidèle
repose sur son cœur, et c'est là qu'Yolande s'endormit doucement, sans son-
ger à la mort et tout occupée de son
Dieu et de Marie qu'elle appelait sa

tendre et bonne mère. Sa figure exprimait la paix de l'innocence; ses entretiens avec sa mère étaient toujours de
quelque sujet de piété: et quelle consolation pour l'une et pour l'autre quand le
confesseur d'Yolande, M. l'abbé J***,
venait avec son inépuisable charité leur
adresser ces paroles si pleines de foi et
d'onction qui fortifiaient la fille dans les
souffrances et la mère dans ses angoisses!

Tandis que l'art des médecins soute-
nait contre la maladie d'Yolande une
lutte sans espoir, celle de Sidonie, toute
différente dans sa nature, ses accidents,
et sa marche, se terminait tout à coup par

une mort telle que doit l'être celle d'une
fidèle enfant de Marie. Sacrifiant géné-
reusement à la volonté de Dieu la consolation de mourir entre les bras de sa
mère, Sidonie alla joindre dans le ciel
ces vierges dont ici-bas son cœur avait
choisi la part, et cette part excellente ne
lui sera jamais ôtée. Cependant quelle
nouvelle à donner de la part d'un père
souffrant et isolé à une mère assise tout
le jour au chevet d'une autre fille expi-
rante ! Nous fûmes chargée de cette com-
mission ; nous remîmes une lettre où res-
pirait la foi des saints à la digne épouse
d'un tel époux, et jamais nous ne per-
drons le souvenir de tant de résignation
au milieu de tant de douleurs!!!... Il fal-

lait qu'Yolande ignorât la mort de Sidonie, et la comtesse d'*** a eu la force
de garder ce douloureux secret. Le 15
mai, un anéantissement complet de
toutes les forces annonça le moment
qui devait consommer le sacrifice. Le
saint viatique, l'onction des mourants,
l'indulgence *in articulo mortis*, ces dernières faveurs que l'Eglise accorde à ses
enfants avaient préparé Yolande à se présenter devant Celui qui chérit les âmes
innocentes. Toutefois il manquait encore
un acte à ces dispositions si consolantes :
ignorant absolument son état, la pauvre
enfant n'avait pas offert à Dieu le sacrifice de la vie qui se retirait d'elle comme
un songe dont le réveil va dissiper l'illu-

sion. Fallait-il risquer de l'effrayer par ce nom redoutable de mort? ou bien la priver de ce mérite immense attaché à l'acceptation de la sentence portée contre tous les enfants d'Adam? La maîtresse générale consulta la comtesse d'***, et cette mère chrétienne répondit sans balancer : « Avant tout, l'âme de ma fille et ce qui peut ajouter à son bonheur éternel! » Emue de cette foi, la religieuse s'approcha de l'enfant chérie, et lui dit: « Si Dieu vous demandait le sacrifice de votre vie, mon enfant, le feriez-vous de bon cœur? » Et sans le plus léger trouble Yolande répondit : « Oh! de tout mon cœur. Je veux tout ce que Dieu veut. » Ce fut le dernier acte de sa volonté, et

peu après elle tomba dans une agonie
semblable à un paisible sommeil qui se
prolongea jusqu'au matin. Prosternée
devant le crucifix, Mme d'*** renouvelait
mille et mille fois la prière du Fils de Dieu,
triste jusqu'à la mort : « Mon Père, que
votre volonté soit faite, et non pas la
mienne! » Enfin à cinq heures et demie
la maîtresse générale s'avance vers elle et
trouve la force de lui dire : « Yolande ne
souffre plus, elle est avec Dieu! » A l'instant cette mère abîmée dans la douleur
se lève, tressaille, se rejette à genoux, et
s'écrie : « Mon Dieu, soyez béni! je ne
veux que votre volonté. » Elle se relève,
et se jetant dans les bras de la maîtresse
générale : « Madame, oh! laissez-moi vous

remercier ! Je vous avais confié ma fille
avec l'innocence de son baptême, j'ose
le croire, vous la lui avez conservée :
vous venez de la conduire jusqu'à la
porte du ciel. Que Dieu vous en récompense comme je vous en bénis ! » Toutes
les personnes qui entendaient ces paroles
fondaient en larmes et se rappelaient
celles de Jésus-Christ : « O femme, que
votre foi est grande ! » Et si ce divin
maître n'avait pas voulu dire à la mère
si humblement résignée qui était là sous
nos yeux : « Votre fille est guérie, » n'est-
ce pas que dans ce siècle mauvais plus
que jamais il faut dire : « Heureux ceux
qui meurent dans le Seigneur ! Heureux
ceux qui ont gardé leur vêtement d'inno-

cence, car ils seront admis au festin de l'Agneau (1). »

(1) Peu de mois après, la comtesse d'*** perdit son mari, qu'elle aimait avec une tendresse égale à la vénération que, d'accord avec tous ceux qui connaissaient le comte, elle portait à ce caractère tout de foi, d'honneur et de dévouement. Et que ne nous est-il permis de faire connaître, en citant quelques lettres que nous conservons précieusement, quelle fut encore, sous cette nouvelle épreuve, la résignation de la veuve et de la mère désolée! Deux fils et une fille lui restent; et c'est dans leur piété, dans leurs succès et dans leur tendresse, que la comtesse d'*** trouve aujourd'hui son unique consolation, après celles qui lui sont venues de sa foi.

FIN.

TABLE

Tours, imp. Mame.

www.ingramcontent.com/pod-product-compliance
Lightning Source LLC
Chambersburg PA
CBHW070408090426
42733CB00009B/1586